Camino a la
LIBERTAD

La vida de
Adrián Ferrari

Relatada por
Susana Quero de Tosini

Ferrari, Adrián Germán

Camino a la libertad / Adrián Germán Ferrari ; compilado por Susana Quero de Tosini. - 1a ed. - Córdoba : Ediciones Bara , 2018.

115 p. ; 20 x 14 cm.

ISBN 978-987-46672-5-0

1. Experiencia Cristiana. 2. Literatura Testimonial. 3. Cristianismo. I. Quero de Tosini, Susana, comp. II. Título.

CDD 242

Diseño de Tapa:
Santiago Kargus
✉ *sankargus@hotmail.com*

Corrección, diseño de Interior y Ebook:
Ediciones BARA
☐ + *54 9 351 557-6318*
https://www.facebook.com/EdicionesBara/

Camino a la

LIBERTAD

La vida de

Adrián Ferrari

Relatada por

Susana Quero de Tosini

Contenido

Dedicatoria

Dedico este libro a mi amada esposa Alba, que no solamente trajo felicidad a mi vida, sino que, con su comprensión, supo ser mi apoyo y fortaleza en los momentos buenos y malos que me tocó vivir.

Y a mi adorada hija Belén, que no sólo completó mi felicidad con su llegada al mundo, sino que es una hija ejemplar, de la que estoy orgulloso de ser su padre.

Adrián Germán Ferrari

Palabras del protagonista

Cuando me encontré con Dios, nunca pensé que Él llegara a amarme, mucho menos que Él deseaba usarme para su gloria. Pero su forma de obrar va más allá de lo que podemos imaginar, ya que Dios nos proyecta, en su gracia.

Empecé a contar mi historia en iglesias o barrios muy humildes, a grupos pequeños de personas. Hoy puedo decir que Dios, en su grandeza, me llevó a recorrer muchos países, con un testimonio que proclama libertad, esa libertad que sólo encontramos en su Hijo Jesús

Mirar atrás y recordar no siempre es fácil. Mi vida pasada está llena de episodios negros que a veces me gustaría olvidar, pero no lo hago, porque son evidencias vivas del poder de Dios.

Tuve que volver a levantarme muchas veces. Transformar mis enfermedades en mi púlpito y no permitir que éstas me condicionaran, sino que fueran canales de vida.

En muchas ocasiones me dijeron que tendría que escribir un libro, algo que consideraba totalmente fuera de mi alcance; pero otra vez Dios me sorprendió abriendo las puertas para que esto fuera posible.

Es mi deseo que todo aquel que lea esta historia pueda conocer a un Dios capaz de romper cualquier cadena que nos ata al pecado. A aquel Dios que nos hace verdaderamente libres.

Hay muchas personas que intervinieron en mi vida y en mi recuperación. La lista es muy larga. Pero hay algunas de ellas que tuvieron un significado especial, por eso quiero nombrarlas.

Quiero agradecer especialmente a Pablo Martini, que no sólo me llevó a los pies de Cristo cuando yo estaba sumergido en el pecado, sino que me acompañó durante mi recuperación y estuvo a mi lado siempre. Para mí es un amigo, un pastor y un padre. Nunca terminaré de agradecerle la oportunidad maravillosa de presentarme a Cristo, quien rompió las cadenas que me tenían oprimido, para darme completa libertad.

También quiero agradecer a Dan Nüesh, Director de Palabra de Vida, por recibirme en el Instituto y acompañarme en mi recuperación.

Vaya también mi agradecimiento a los hermanos de la iglesia de Arroyito que hicieron posible mi viaje a Francia y el tratamiento que me permitió casarme y luego tener la dicha de ser padre. Algo que para mí era realmente un imposible.

Y no puedo dejar de agradecer a Susana, que hizo que el proyecto de escribir un libro, que tantas veces me propusieron, pudiera hacerse realidad.

Con amor en Cristo:

Adrián Germán Ferrari

Palabras de Belén, hija de Adrián

A mí me tocó ser "la hija de" muchas veces.

En campamentos, conferencias, iglesias, muchas veces me conocieron más por ser "la hija de Adrián", que por ser Belén.

Al principio me molestaba un poco, pero después entendí el privilegio que tengo de ser hija de una persona que es de bendición para tanta gente; una persona que impacta; que dedica su vida para ganar almas; que tiene un corazón enorme, siempre dispuesto a dar y sensible a la necesidad del otro.

Siempre me saca una sonrisa en el momento justo, me trata como a una princesa; me acompaña en mis desafíos y me anima a soñar.

Algo que me encanta de él es que es genuino; es "loco" en todos lados; a veces mete la pata; y sí, muchas veces nos peleamos, pero también es el primero en reconocer sus errores y pedir perdón.

Aprendo de él en muchos sentidos. Es mi papá, pero también es mi amigo, mi guardaespaldas (demasiado cuida) y mi compañero de sushi, shopping y concierto de Redimidos.

Cualquier que lo conozca sabe de lo que hablo, porque es muy fácil quererlo.

Hoy me doy cuenta que Dios me regaló el privilegio de ser "la hija de Adrián", y estoy muy orgullosa de serlo.

Te amo, papá:

Belén

Hoy me doy cuenta que Dios me regaló el privilegio de ser "la hija de Adrián", y estoy muy orgullosa de serlo.

Te amo, papá:

Palabras de la autora

Escribir la historia de Adrián, en todos sus detalles, es una misión imposible. Desde su niñez hasta ahora ha vivido tantas experiencias que, como digo antes, sería imposible plasmar toda su vida en un libro.

Este ejemplar que tienen en sus manos es, simplemente, una pequeña reseña de su historia. Cada oportunidad que escucho alguno de sus testimonios, ya sea en público o personalmente, aparece una nueva anécdota. Alguna de ellas las relato en este libro, pero les aseguro que no es ni el diez por ciento de todas ellas. Cada conversación, lo lleva a recordar y contar alguna experiencia que ha vivido.

Cuando le propuse escribir su historia –al principio fue reticente a que lo haga–, le dije que lo mejor era que él la escribiera porque era la única manera de poder expresar sus experiencias, pero como ustedes van a leer en estas páginas, él no se siente capaz de hacerlo.

Después que aceptó que yo escribiera su libro, quise que fuera lo más fidedigno posible. Mientras Adrián estaba viviendo en el Instituto Palabra de Vida en Monte, era bastante difícil poder encontrarnos, lo cual era necesario para que me fuera relatando su vida. Pero cuando se trasladó a la ciudad de Pilar, en la provincia de Córdoba –yo vivo en la misma provincia pero en la ciudad de Deán Funes, que queda a una distancia de alrededor de 140 km. de Pilar–, se facilitó mi tarea porque, no sólo pude encontrarme con él, sino que, gracias a la tecnología moderna, pudimos estar en contacto en cualquier momento.

Como se le manifesté a Adrián, mi vida fue el polo opuesto de lo que él vivió, por lo que forzosamente tenía que contarme sus experiencias en detalle, porque yo no tenía la menor idea de lo que él había pasado.

Yo me siento como Baruc en Jeremías 36:17 y 18, cuando los príncipes le preguntaron: "Cuéntanos ahora, cómo escribiste de boca de Jeremías, todas estas palabras. Y Baruc les dijo: Él me dictaba de su boca todas estas palabras, y yo escribía con tinta en el libro" (en este caso en mi computadora).

Lo hice de manera similar: Escribía un capítulo y se lo enviaba por correo electrónico. Después de leerlo, me hacía las correcciones o aportaba detalles que me sugería que agregara o quitara y, de esa manera, escribí todo el libro. Hay muchísimo más que hubiera deseado contar, pero esto sería, no sólo extenso, sino también de difícil acceso a muchas personas.

Siempre me gustó escribir, pero nunca disfruté tanto de hacerlo, porque hasta este momento había escrito novelas o historias reales noveladas, ya que alguien me contaba su vida –y me pedía que la escribiera– en una hora o dos y luego yo transformaba esas vivencias en un libro. Para eso tenía que imaginar hechos, lugares, conversaciones, etc. porque no tenía la oportunidad de hablar con la protagonista. También escribí, por sugerencia de mis alumnos de una clase bíblica que tengo en mi hogar, dos libros de personajes poco conocidos de la Biblia. En cambio, sobre la historia de Adrián puedo decir que es REAL, porque todo lo que escribí fue supervisado y aprobado por él.

Lo más hermoso de esta experiencia no fue solamente escribir la historia de Adrián, sino conocerlo a él. Descubrí a una persona maravillosa, transparente y con una alegría tan contagiosa que es imposible estar con él sin reír. Lo admiro por su fuerza de voluntad, que lo lleva a vencer todo obstáculo que se interpone en su camino. Además, tiene tal sensibilidad que, con sólo escuchar el tono de mi voz, ya calcula lo que me está pasando y tiene una palabra de aliento –nunca reprimenda porque sabe encontrar siempre el lado bueno de las cosas.

Admiro su pasión por las almas, lo que lo lleva muchas veces al agotamiento por estrés. Es un esposo y padre excelente. Según él, me adoptó como su mamá, así que puedo decir que también es un buen hijo que acepta mis consejos y más que nada, mis reprimendas.

Por todo lo relatado anteriormente, los invito a que puedan disfrutar de esta historia que, seguramente, los llevará a reflexionar en los milagros que el Señor hace cuando transforma una vida destruida en algo útil para su gloria.

Vuestra sierva:

Susana Quero de Tosini

Capítulo 1

ADRIÁN FERRARI

Adrián, acostado en su cama, abre los ojos pesadamente. Por la claridad que penetra por la ventana, calcula que ya debe ser media mañana. Recuerda muy poco lo que pasó la noche anterior, pero, como está vestido y arriba de las colchas, calcula que así lo llevaron sus hermanos. Haciendo un esfuerzo, recuerda que vinieron el Tarta y el Rulo. Fumaron unos puchos y bebieron hasta embriagarse, como siempre.

Mira hacia las camas de sus hermanos:

-Rodolfo y Alejandro no durmieron aquí anoche –deduce al observar las camas bien tendidas-. Seguro que se fueron con sus amigos. ¿En qué andarán ahora? Sonríe y cuando se quiere desperezar, siente un dolor fuerte en el antebrazo. Con la otra mano hace girar el músculo y aparece ante sus ojos un moretón:

-"Éste fue Julio". –Piensa–. Pero él debe tener más moretones que yo. –Sonríe para sus adentros, tratando de recordar por qué motivo se pelearon esta vez, pero es inútil.

En ese momento entra un gato por la ventana, con algo en

la boca. Salta hacia él y se detiene, mirándolo.

-¡Moncho! ¿Ya robaste otra gallina? –pregunta, sentándose en la cama. Sabe que no recibirá respuesta del animal, pero vuelve a interrogar con una risotada-. ¿A qué vecino le tocó esta vez?

El gato, ronronea y frota su cuerpo en las piernas de Adrián. Éste revuelve sus pelos y ríe divertido:

-¡Tenés mis mismos genes! No hay duda.

El animal deja la gallina en el suelo y salta a la cama. Se acomoda y entrecierra sus ojos.

-Dormí tranquilo –le dice Adrián, mientras lo acaricia. Se pone de pie, despacio. Se marea y tiene que salir corriendo hacia el baño para vomitar. Le duele tremendamente la cabeza. Mira su rostro en el espejo: Tiene grandes ojeras y transpira. Los surcos se unen y caen gotas de sudor a la pileta. Aspira profundo:

–El Ale me dijo que tengo que tomar café para sentirme mejor.

El aroma que viene de la cocina le indica que su madre ya le preparó el desayuno. Camina despacio, toma una taza y bebe sin sentarse. Ya se siente un poco mejor. Manotea un bollo de pan y sale. El resplandor le hiere los ojos. Haciendo visera con una mano, busca la única bicicleta que tiene la familia, pero ya no está. Deduce que algún hermano fue más rápido que él. No le queda otra que jugar con la cubierta de auto, como todos los días. La toma y sale a la calle haciéndola rodar.

Los chicos que encuentra en el camino lo saludan ceremoniosamente y los mayores lo miran con recelo. Él saca pecho, orgulloso. Todo el barrio sabe que es el hermano menor de los Ferrari a los que nadie se anima a molestar. Son respetados, no tanto por su presencia, sino por su inclinación a la violencia y, por lo tanto, es mejor no darles motivo de enojo.

En la esquina se encuentra con su mejor amigo:

-¡Hola, Adrián! –Julio lo saluda y viene a su encuentro.

-¡Hola! –contesta, observando los moretones en las mejillas del amigo–. "Yo también le di varias trompadas". –Piensa divertido y lo palmea en el hombro, sin resentimientos. De todas maneras, sabe que no hay pelea que los separe. Son amigos desde muy chicos y comparten sus juegos, aunque siempre él es el que lidera y Julio el que obedece.

-¿Tenés tu bici? Andá a buscarla… -Más que una sugerencia, es una orden de Adrián.

Su amigo corre y al momento vuelve montado en su bicicleta.

-¿Dónde vamos hoy? –pregunta, mientras Adrián soltando la rueda de auto con la que venía jugando, se sienta en el caño.

-No sé… Comenzá a pedalear y en el camino lo decidimos.

Julio se desliza por la calle haciendo giros y frenando, de tal modo que levanta tierra al derrapar. Ambos ríen divertidos.

Varias calles más abajo Adrián divisa una bicicleta apoyada en la verja de un jardín.

-¡Pará! –le ordena a su amigo-. ¡Mirá qué hermosa bici!

Julio frena y, sacando un pie del pedal para sostenerse, exclama:

-¡Qué buena que está! –Y mirando a Adrián con el ceño fruncido, pregunta-: ¿La pensás robar?

Su amigo mira receloso a uno y otro lado. No se ve a nadie.

-"Ésta es mi oportunidad". –Piensa, saltando de la bicicleta, a la vez que ordena–: Vos hacé de campana y si ves algo, me chiflás.

Julio asiente y desliza su mirada en ambas direcciones.

Adrián toma la bicicleta, salta sobre ella y sale pedaleando rápidamente.

-Seguime –le grita a Julio, sin detenerse.

Su amigo obedece y ambos corren hacia sus viviendas. Llegan sudorosos y acalorados, pero felices con su hazaña.

-¿Dónde la vas a guardar? –pregunta su vecino y amigo.

-No te preocupes –responde Adrián–. Aquí respetamos la propiedad de cada uno. Nadie me la va a tocar.

Después de dejar la bicicleta apoyada en la pared, escucha a su amigo:

-¿Vas a la escuela hoy, o nos hacemos la rata, como ayer?

-Hoy es viernes –contesta Adrián con suficiencia–. Es el último día de la semana. ¿Para qué vamos a ir? Mejor salimos a dar una vuelta.

Julio asiente, se sube a su bici y pedalea. Cuando ya se ha alejado un poco, escucha a su amigo que, haciendo bocina con ambas manos, le grita:

–¡No te olvides de llevar la gomera! –El aludido levanta el brazo en señal de asentimiento y se pierde de vista al doblar la esquina.

Adrián gira y se dirige al interior de su vivienda. Su madre, como siempre, está limpiando. Lo ve llegar y va a preguntar algo, pero se detiene. Mueve la cabeza resignada y sigue con su tarea. Margarita sabe que es inútil su consejo. Hace bastante tiempo que sus hijos no le obedecen. Su esposo solamente se preocupa que no les falte lo indispensable. Viaja toda la semana y cuando regresa el viernes, tiene tan mal humor que nadie se anima a hablarle. Se limitan a obedecer en silencio.

-"Si por lo menos Ricardo me ayudara a encaminarlos". –Piensa con lágrimas en los ojos–. "La facha de esos amigotes que tienen me dice a las claras que no andan en nada bueno".

Queda en silencio un buen rato y, sin levantar la vista del suelo, pregunta:

-¿Sabes dónde fueron tus hermanos anoche? Sus camas están intactas…

Adrián se encoge de hombros y desaparece en su dormitorio. Moncho todavía duerme en su cama. Lo alza y deposita en el suelo.

–Andá a robar otra gallina –le ordena divertido, mientras se tira indolentemente en la cama. El dolor de cabeza se le ha pasado. Pone ambas manos en su nuca y mirando el techo, suspira–: "¡Por fin tendré mi bicicleta!". –Cierra los ojos un momento y luego los abre desmesuradamente–. Tengo que pintarla… –Se levanta de un salto–. Voy a ver si hay alguna lata en la otra pieza.

Se dirige hacia el lugar que ha dicho y busca entre unos cajones hasta encontrar una lata de pintura. La sacude un poco, para saber si todavía tiene contenido.

-"Si no le cambio la cara, pueden reconocerla". -Piensa sacando un pincel con muy pocas cerdas, pero que, para el caso, le puede servir y se dirige hacia donde dejó su preciado tesoro.

Mientras está pintando su bici, aparece Pablito, su hermanito menor que exclama:

-¡Qué hermosa bici! ¿La compraste?

Adrián asiente con su cabeza y sigue en su tarea. El niño se acerca y observa detenidamente:

-¿Me vas a llevar a dar una vuelta? —Mira a su hermano esperando una respuesta.

-Sí, Pablito… -contesta el hermano mayor, sin mirarlo.

Aparece Analía y se acerca para observar el objeto que atrae a su hermano menor, que exclama alborozado:

-¡Adrián se compró una bici! ¡Dice que me va a llevar a dar una vuelta! Vos también podés venir…

La niña, desconfiada, mira a Adrián:

-¿De dónde la sacaste?

-Ya te dijo Pablito, la compré —contesta secamente su hermano sin dejar su tarea.

Analía no dice nada. En su corta edad, se da cuenta de que esa bicicleta no ha sido comprada. Sabiendo que es inútil indagar más, toma de la mano a su hermanito:

-Vení… Vamos a seguir jugando… -le dice, alejándose rumbo a la vereda donde los esperan otros chicos del barrio.

Cuando Adrián comprueba que al tarro de pintura no le queda nada, mira la bici con desconfianza.

-Tengo que ponerle unas calcomanías —dice en voz baja y entra nuevamente a la casa. -¡Vieja! ¿No sabés dónde puede haber algún dibujo o algo parecido? —Margarita deja las papas a medio pelar, se seca las manos en el delantal y mirando a su hijo fijamente, pregunta:

-¿Te pidieron eso en la escuela? —Sin esperar repuesta, abre un cajón de su alacena, revuelve un poco las cosas y saca unas láminas con pinturas de colores-. ¿Esto te sirve?

Adrián toma los dibujos y sale nuevamente, sin contestar. La madre mueve la cabeza, resignada–. "¿En qué andará mi hijo ahora?". –Se llega a la mesada y sigue pelando papas para la comida de mediodía.

Adrián pega algunas figuras, aprovechando que la pintura no se ha secado todavía y, por lo tanto, le sirve de pegamento. Se retira un poco para observar su obra de arte:

-No quedó muy bien –murmura resignado–. Pero así no la van a reconocer…

La bicicleta parece un cuadro de arte moderno: En algunas partes, se ve la pintura anterior, en otras la nueva, con papeles semipegados y flameando al viento. Pero su dueño se muestra satisfecho. Tira el tarro vacío y lo que resta del pincel a la calle y entra para lavarse las manos antes de almorzar.

Capítulo 2

MALAS COMPAÑÍAS

Después de almorzar, Adrián se llega al dormitorio y poniéndose el guardapolvo que está impecable como todos los días, piensa:

"La vieja es de fierro… No se cansa de lavar la ropa… Voy a tratar de no ensuciarla tanto hoy…".

Alza su portafolio y, sin comprobar su contenido, se dispone a salir. ¿Para qué lo va a revisar? Hace dos días que no asiste a clase y no tiene idea qué necesitaría llevar. Además, hoy tampoco irá, así que no importa mucho lo que contenga su portafolio.

Saluda a su madre, como si fuera el niño más dócil del barrio, y cuando se dispone a salir, se acuerda que, a media tarde, seguramente le bajará hambre.

-¿Tenés algo para los recreos? –pregunta, con su rostro inocente, dirigiéndose a su madre.

Margarita abre la heladera. Saca una feta de fiambre y le hace un sándwich. Al entregárselo, implora:

-¡Por favor, Adrián! No te pelees con tus compañeros…

El aludido asiente con un movimiento de cabeza y sale. Disimuladamente y aprovechando que su madre sigue lavando los platos, sube a su bicicleta y pedalea con fuerza para alejarse rápidamente.

En la esquina lo espera Julio, con su gomera colgando del cuello:

-¿Dónde vamos hoy? –pregunta a su amigo recién llegado-. ¿Trajiste tu honda?

Adrián abre el portafolio y saca el arma aludida. Se la cuelga al cuello y comienza a pedalear. Julio lo sigue, tratando de seguir su ritmo de carrera. Por el atajo que toma su amigo, se da cuenta de que se dirigen al campito donde hacen sus mayores travesuras. Sonríe para sus adentros. Es el lugar que más disfrutan juntos. Hace calor. Ideal para nadar.

Después de pedalear un rato, aparece el lugar ante su vista.

-¿Nos bañamos primero o…? –Se detiene al ver que Adrián ya ha descolgado su gomera y se desabrocha el guardapolvo. Lo deposita en el tronco de un árbol, junto a la bicicleta y recoge unas piedras.

A Julio no le hace falta ninguna explicación. Imita a su amigo y se internan en el bosquecito buscando alguna víctima. Cada pájaro que se asienta en una rama, recibe una pedrada. Pasan un rato sin hablar. Se deslizan sigilosamente, tratando de no hacer ruido para no espantar a sus víctimas. Sólo se escucha el ruido de alguna rama que se rompe por sus pisadas.

Cuando llegan a un descampado, aparece a la vista un pequeño lago con agua turbia. No hace falta ponerse de acuerdo en lo que van a hacer. Se sacan la ropa, la dejan en una piedra y se zambullen. Nadan, se ríen y juegan un rato. Luego salen y se sacuden para secarse lo mejor posible. Se tiran en la arena boca arriba, con las manos en la nuca. Con sus apenas 8 años, se sienten dueños del mundo.

-¡Esto es vida! –exclama Adrián con una risotada.

-¡Ya lo creo! –responde Julio, imitando la risa de su amigo. Apoya el codo en el suelo y sostiene su cabeza con la mano. Mirando fijamente a su compañero, pregunta-: ¿Cuánto tiempo pensás que va a pasar antes de que tu vieja se entere que estás faltando al cole?

-No sé… -responde el aludido–. Ya me corrieron de dos escuelas. Una más no importa… -Y mirando hacia el cielo, continúa–: Mis hermanos no son diplomados en nada, pero mirá la vida que se dan… Yo quiero ser como ellos…

Conforme con la explicación, Julio se levanta para recoger la ropa. Mientras se la pone, divisa un sapo que salta del agua:

-Mirá Adrián. –Llama la atención de su compañero–. Ideal para darle una pedrada…

Sin dudarlo, recogen sus gomeras y lanzan proyectiles al pobre batracio que salta tratando de alejarse. Herido y con la lengua afuera, se detiene. Los chicos llegan y lo rematan a cascotazos. Chocan sus manos en señal de triunfo y vuelven para vestirse. Mientras se pone los pantalones, Adrián, mirando hacia el cielo, reflexiona:

-Ya debe ser hora de la salida del cole… Mejor nos vamos… Si no llegás a tiempo, tus viejos te van a buscar y… -No sigue, sabiendo que su amigo entiende la indirecta.

Cuando terminan de vestirse, cuelgan sus gomeras al cuello y caminan abrazados hacia el lugar donde dejaron sus bicicletas. En el camino, divisan una lagartija que se esconde detrás de unas ramas, presintiendo lo que le espera. Se miran, poniéndose de acuerdo, y comienza la andanada de piedras al pobre e indefenso reptil. Cuando comprueban que apenas se mueve, corren a rematarla:

-¡Dejame a mí! –grita Adrián.

-Ésta es mía –protesta su compañero, sin hacerle caso–. Vos ya mataste el sapo…

Al momento, comienzan a discutir y, como siempre, terminan revolcados en el suelo y a las trompadas. Cuando Julio comprueba que lleva las de perder, se deshace de los brazos de su contrincante. Se incorpora y corre a su bicicleta, alza las cosas tiradas en el suelo y se aleja rápidamente.

-¡Cobarde! –le grita su amigo mientras se aleja.

Adrián llega hasta donde están sus pertenencias. Sacude un poco el guardapolvo, comprobando que se ha manchado con el barro de la lluvia de la noche anterior. Piensa: "Uy, pobre vieja, tendrá que lavarlo de nuevo para el lunes". Se encoge de hombros, indiferente y termina de alzar sus cosas.

Cuando decide emprender el regreso, se acuerda del sándwich que le dio su madre. Lo busca en el portafolio y le da un mordisco. Come hasta la mitad y lo tira. Al momento aparecen pájaros dispuestos a comer el resto, lo que es aprovechado por Adrián para gomerearlos.

Cuando llega a su casa, está despeinado, sucio y con mal olor. Apoya la bici en la pared y entra tratando de pasar desapercibido. Se desliza sigilosamente hacia el dormitorio. A medio camino, aparece delante suyo Ricardo, su padre, que lo mira con el ceño fruncido y los brazos en la cintura. Se queda quieto, esperando una paliza, pero su progenitor simplemente le da un coscorrón y se aleja gesticulando improperios. Adrián observa la cabeza calva de su padre: "Por algo le dicen Rodi... Su pelada brilla como una rodilla". Ríe en silencio, aliviado por haberse salvado de una golpiza.

Camina hasta el baño y se ducha, tratando de enjabonarse lo suficiente para no despertar sospechas. En su interior sabe que es inútil esconder lo que ha hecho, pero, por lo menos, lo intenta. Deja correr el agua por su cuerpo, sintiendo el dolor que le causan los raspones y las trompadas de Julio.

Cuando sale del baño, siente las voces de sus hermanos:

-¡Volvieron! –exclama, y cuando se dirige a la puerta para ir a su encuentro, ésta se abre y aparecen Rodolfo y Alejandro. Lucen ropa nueva, impecable. Zapatillas de cuero flamantes.

Adrián los mira embelesado:

- ¡Guau!… Rodo. ¡Qué linda camisa! –comenta el niño.

El aludido se pavonea por el dormitorio, como un magnate. Tiene apenas 12 años, pero vestido así parece mucho más grande.

Alejandro, el hermano intermedio, sin ningún comentario, se sienta en la cama y desata sus zapatillas.

Adrián, boquiabierto, mira el calzado impecable y exclama:

-¡Qué buenas que están! ¿Me los puedo probar Ale? –El aludido sonríe y se las alcanza.

El hermano menor se las calza y camina de un lado a otro:

-¡Me quedan bien! ¡No me ajustan ni me bailan…!

Alejandro ríe, divertido. Adrián tiene apenas dos años menos que él y calzan el mismo número. Es natural que le queden bien. Observando la admiración con que el muchachito mira las zapatillas e intuyendo su deseo, le dice complaciente:

-Si las querés, te las regalo, Diente… -Lo llama por su apodo.

Adrián no cabe en sí de la alegría:

-Gracias, Ale… Sos lo mejor… -Se tira arriba del hermano y lo besa repetidas veces.

Éste lo aleja con un brazo:

-Bueno, bueno… Ya es suficiente…

A todo esto, Rodolfo se ha desvestido y abre las sábanas dispuesto a dormir un rato. Desde la tarde de ayer que no descansa y está agotado. Antes de conciliar el sueño, saca un cigarrillo y lo enciende. Su hermano compinche se acerca y enciende el suyo con la punta del otro. Hacen varias bocanadas y despiden el humo, como si fueran grandes fumadores.

Adrián, por el aroma que aspira, se da cuenta de que no son cigarrillos comunes. Él quiere hacer lo mismo. Va hasta su gaveta, saca uno de los porros que tiene guardados y fuma a la par de sus hermanos. Es el momento que se siente más unido a ellos. Mañana seguramente va a estar triste y deprimido por el efecto, pero ahora no le importa. ¡Solamente quiere disfrutar ese momento!

Fuman en silencio un buen rato, hasta que el mayor se duerme, vencido por el cansancio.

Adrián aprovecha y se acuesta al lado de Alejandro. Éste se corre para darle lugar y sabiendo el interés que carcome a su hermano, le cuenta las andanzas de la noche anterior:

-Primero fuimos a la casa de Balá y de ahí salimos en barra. No nos poníamos de acuerdo qué hacer, pero cuando vimos que se acercaba una tormenta, no dudamos en ir al centro. –Hace una pausa prolongada para crear más expectativa en su hermano.

-¿Y…? –pregunta Adrián, ansioso.

Alejandro ríe divertido y continúa:

-Tomamos el tren… Y en el camino…

-Limpiaron unos cuántos… -Termina la frase el hermano menor.

-¡Exacto! ¿Cómo te diste cuenta? –pregunta Alejandro inocentemente, lo que causa una carcajada en su hermano. Ríen, cantan e imitan distintas voces de cantantes famosos. En ese momento todo es alegría y despreocupación. Están en el éx-tasis de la marihuana y lo aprovechan lo mejor que pueden. Saben que mañana, cuando venga el bajón, todo será distinto.

Alejandro tose un poco aclarando su garganta y continúa el relato:

-Cuando llegamos al centro llovía como un diluvio. Uno de los muchachos ya había marcado una joyería perdida en un alero. Nos dirigimos ahí y mientras dos estaban de campana, rompimos la vidriera y manoteamos lo que pudimos. Sonó la alarma, así que antes que venga la cana, nos hicimos humo… Cada cual por su lado. Y… colorín, colorado…

-Este cuento se ha terminado –concluye el hermano menor. Vuelven las risas y las bromas hasta que los vence el sueño. Ale, casi sonámbulo, alza a su hermanito, lo lleva hasta su cama y lo acuesta cuidadosamente, arropándolo como si en vez de su hermano, fuera el padre que siempre se encuentra ausente, aunque esté cerca de ellos.

Capítulo 3

UNA VISITA AL MONUMENTAL

Al otro día, Adrián se levanta y se dirige al baño para higienizarse. Va arrastrando los pies y enojado con todo el mundo. Su buen humor de la noche anterior ha cambiado totalmente. Él sabe el motivo: el efecto de la marihuana ha pasado y ahora debe soportar la depresión, el desaliento y todas las malas consecuencias de esa droga.

Mira hacia la cama de sus hermanos y están vacías. Se le adelantaron y seguramente ya están con la barra organizando sus fechorías. ¿Cuándo lo harán participar a él? Ale le ha dicho que muy pronto, pero… Se sienta en el suelo y comienza a llorar. No tiene ningún motivo para hacerlo, pero siente una angustia tremenda. ¡No aguanta más! ¡La única solución es volver a fumar un porro! Se levanta decidido y mientras enciende el cigarrillo, piensa: "Cada vez me dura menos el efecto… Voy a tener que probar otra cosa…". Sus ojos se deslizan hacia las gavetas de sus hermanos. Su mirada se enciende y va hasta un cajón, abriéndolo con ansiedad. Rodolfo tiene pastillas, anfetaminas… Desliza su mano debajo de la ropa y toca unas tabletas. "Ya sabía que estaban aquí… Las esconde para que no las encuentre la vieja". Tira el pucho y corre al baño. Con varias pastillas en la boca, se inclina y toma agua para tragarlas. ¡Ojalá le hagan efecto pronto! Se siente miserable y abandonado.

Vuelve a la cama y se tira indolentemente. Será mejor que espere el efecto de la droga acostado. No tiene ánimo para enfrentar el mundo con esa angustia. Piensa que sería mejor quitarse la vida. ¿Para qué vivir así? Se acurruca, toma las rodillas con ambos brazos y se mece acunándose como un bebé. Quiere acelerar el tiempo.

Al rato comienza a sentirse animado. Se levanta, decidido y se dirige al baño, pero esta vez no arrastra sus pies, sino va saltando. Peina delicadamente el cabello, pasando ambas manos para alisarse los costados. Mira su imagen en el espejo. Todavía tiene ojeras y está pálido. ¡Ya se le va a pasar!

Sale corriendo hacia la calle cuando escucha a Margarita:

-¿No vas a desayunar?

Sin detenerse, levanta los brazos y le hace señas negativamente. La madre quiere detenerlo, pero sabe que es inútil. Baja los brazos, desilusionada y levanta las cosas que ha preparado para el desayuno. Rodolfo y Alejandro se fueron muy temprano. Ella los escuchó desde su dormitorio, pero no se levantó para no despertar a su esposo. No sabe si él no se da cuenta de las andadas de sus hijos o es que no le importa. De todas maneras, no podrá enterarse porque siempre que quiere sacar el tema, él se enoja y le dice que está viendo visiones. Deposita las cosas en la pileta y las lava. Luego se dispone a lavar la ropa sucia. Cuando saca el guardapolvo de Adrián y ve las manchas de barro, suspira resignada: "¿Con quién se habrá peleado esta vez?".

Mientras tanto, el muchachito se ha reunido en la calle con sus amigos que están jugando a la pelota. Al rato se les une Julio.

Cansados de tanto correr, se sientan en una verja vecina.

-¿Cómo estás amigo? –Palmea la espalda de su compañero.

-¡Me siento fenómeno! –contesta el aludido, como flotando en el aire. -"El efecto de las pastillas es mucho mejor que el porro. Desde ahora ya sé cómo sentirme bien". –Piensa, comenzando a caminar, abrazado a su amigo.

Cuando llegan a la esquina, Julio lo mira de costado:

-Siempre me intriga cómo te llaman tus hermanos. ¿Por qué te pusieron el apodo de "Diente"?

Adrián suelta una carcajada:

-Es porque, cuando era chico, mordía a todos los que llegaban a casa… Aunque fueran mis primos o mis tíos…

-Y… ¿Por qué?

-No sé… A lo mejor porque no quería que vinieran a mi casa… o… -Se encoge de hombros–. Quizás porque no me gustaban sus caras… -Ríe ante su ocurrencia y su amigo lo imita.

Siguen caminando un rato, a veces saltando y otras pateando piedras. Al llegar a un pequeño parque, se sientan en las hamacas y se mecen suavemente al principio y luego compiten para ver quién llega más alto. Ríen por cualquier cosa. Julio es feliz viendo tan contento a su amigo. Cuando se cansan de hamacarse, van a sentarse en la arena.

-¿Mañana a qué cancha van? –indaga el vecino.

-¡Al monumental…! –exclama Adrián, con suficiencia–. Se juega el súper clásico… River – Boca…

-¡Cómo me gustaría ir con ustedes! –suspira el compañero.

-Y vení… ¿Qué problema tenés?

-Soy muy chico… No me van a dejar entrar…

-Si somos de la misma edad... -Julio lo mira, sin comprender–. Cuando pasa la barra de Himan, nadie se le opone...

-¿De veras puedo ir? –El muchachito no sale de su asombro. Ante la afirmación de su amigo grita–: Yuupiii... -Tirando su gorra al aire.

Al otro día, cuando los hermanos se preparan para ir a la cancha, Rodolfo advierte que le faltan algunas pastillas. Mira la euforia de su hermanito y no le hace falta saber quién se las robó. Se encoge de hombros. Ya no le importa. Él ya ha pasado a la etapa de inhalar cocaína y no le hacen falta.

Al salir, encuentran a Julio que los está esperando, con la gorra puesta y la visera hacia atrás. Es el detalle típico de los que van a la cancha. Adrián se acerca a su amigo y explica a sus hermanos:

-Hoy nos va a acompañar... -Les guiña un ojo y éstos asienten.

Cerca de la cancha, se unen a la barra de amigos comandada por Himan. El líder se ha ganado bien el apodo. Es corpulento y más alto que todos. Su mirada intimida a cualquiera.

Cuando llegan a la entrada, el boletero protesta:

-Ésos son muy chicos... -Señala a los dos amigos.

Himan se le acerca y le dice amenazante:

-Si no pasan ellos, nos vamos...

El hombre se intimida y haciéndose a un costado, los deja pasar. En realidad, casi todos los integrantes de esa barra no tienen edad para entrar en la cancha, pero nadie se anima a oponerse al capitán.

Una vez adentro se dirigen en fila india hacia la tribuna más concurrida. El jefe les ha dado instrucciones. No deben acercarse a la barra contraria. Se sientan en las gradas y comienza el escrutinio para saber cuáles serán sus víctimas. Hacen gestos entre ellos señalando a las personas que ostentan relojes Rolex o billeteras en los bolsillos traseros.

Comienza el partido. Al primer gol la tribuna se levanta gritando y alentando a su equipo. Es el momento propicio. Cada integrante de la barra hace su trabajo y se unen a los saltos y cantos de la hinchada, disimulando perfectamente lo que acaban de hacer.

Cuando termina el partido, la barra se distribuye entre los hinchas y aprovechan la aglomeración de la salida para seguir "limpiando gente".

Ya en la calle, se dirigen en grupo hacia un descampado cercano y cada uno muestra lo recaudado. Se reparten el botín y se dispersan.

Julio ha observado todo sin intervenir.

-¿Siempre hacen lo mismo? –pregunta en voz apenas perceptible a su amigo.

Éste pone un dedo en la boca:

-Shhh… No levantés la perdiz… Todavía estamos cerca… Después te explico…

Conforme con la sugerencia de Adrián, su amigo los acompaña en silencio. Van hacia los colectivos y suben empujando y codeando para abrirse paso. En el viaje, siguen aprovechando cada oportunidad que se les presenta para robar billeteras u objetos de valor. En la aglomeración nadie advierte sus maniobras.

Cuando llegan al hogar, ya es de noche. Sin dar ninguna explicación, entran en el dormitorio. Sacan de sus bolsillos la recaudación y ríen divertidos.

-¡La cancha es el mejor lugar para afanar! –exclama Rodolfo.

-Especialmente en un clásico –agrega Alejandro acompañando la risa de su hermano.

Los hermanos se extrañan que el muchachito más pequeño no se una a ellos. Adrián también ha sacado lo robado, pero no demuestra ninguna euforia. El mayor se da cuenta de cuál es el motivo. Se le está pasando el efecto de las pastillas. Disimuladamente, se retira y hace señas a su hermano que lo acompañe. Sabe que Adrián no va a robar las pastillas si ellos están presentes.

Ni bien se encuentra a solas, el niño busca los estupefacientes y los toma con desesperación. No quiere volver a sentir el bajón.

DROGAS, DELITOS Y UNA MUERTE INESPERADA

Adrián quiere entrar al grupo de amigos que frecuentan sus hermanos, pero, hasta ese momento, ellos se oponen. Todavía es muy chico. Un día que ellos no están, va hasta la esquina donde siempre se reúnen. Todos lo saludan, hacen bromas y lo van integrando al grupo. Él se siente bien entre esos muchachos. Fuman, toman alcohol, etc. y de a poco, va imitando lo que ellos hacen. Como es el más pequeño del grupo, lo tratan como una mascota. Adrián se siente protegido entre ellos. No permiten que nadie lo moleste. Lo visten y lo llevan a todos lados.

Al poco tiempo, Adrián ya es uno más de la banda y los acompaña en sus fechorías. Cada día que pasa se vuelve más agresivo. Enfrenta a cualquiera que lo mira raro y lo invita a pelear. Algunas veces los contrincantes se intimidan y siguen caminando, pero otras lo enfrentan y es suficiente para que se arme una pelea. Por lo general, ese incidente es la ocasión para que los demás de la barra se trompeen con los compañeros del primero.

Todos están drogados y no sienten dolor. Eso sucederá cuando se les pase el efecto, pero por el momento pelean a las trompadas, patadas y, a veces, con púas que ellos mismos han fabricado. Cuando advierten que viene la policía, se dispersan corriendo.

Se reúnen, de común acuerdo, en la casa de alguno de ellos, cuyos padres están ausentes, o bien, ya están acostumbrados a verlos en ese estado. Algunos sangran por la nariz, otros por algunos tajos en la cara o los brazos. A ninguno le importa.

El muchacho dueño de casa va hasta un cajón y saca una jeringa. Al unísono, los demás se levantan los buzos o camisas y se preparan para recibir la droga.

Cuando Adrián, imitándolos, pone el brazo, es detenido por Rafa:

-Hasta ahora fue gratis… -Le advierte haciendo señas con las manos como si recibiera dinero–. Pero ahora la tenés que pagar…

El muchacho sale enfurecido. Golpea las paredes. Patea los tarros o botellas de la calle y reniega insultando:

-Ahora van a saber quién soy… -Se dirige decidido a la estación de trenes. Es la hora de la salida del trabajo y hay mucha gente. Adrián observa detenidamente los pasajeros que están por subir y se coloca detrás de uno de ellos. Cuando se abren las puertas del tren, se producen los empujones normales de esa hora y el muchacho aprovecha para hacer su trabajo.

Con los billetes en la mano, vuelve a la casa del amigo dispuesto a pagar su dosis, pero no divisa a nadie. Golpea la mesa con furia y sale maldiciendo.

Sabe dónde podrá conseguir lo que desea. Se llega hasta la esquina donde hay una barra de muchachos. Mostrándoles el dinero, sin decir palabra, el más joven de ellos saca un sobre y se lo entrega. Adrián prepara la dosis, pero tiembla y no puede sostener la jeringa. Se acerca otro, se la quita y le hace el favor que el muchacho está necesitando.

Desde ahí en adelante, Adrián comparte todas las andanzas de la banda. Su hermano Ale siempre está a su lado, salvándolo de situaciones difíciles. Tienen sus códigos. Cuando están en el centro, se dispersan y cada uno observa los transeúntes. Cuando alguno marca una víctima, disimuladamente se acercan los otros al grito de "José", como le han puesto a la banda. Esperan llegar a un lugar no tan concurrido y asaltan a su víctima. Uno le dobla el brazo hacia atrás y le sostiene la cabeza, inmovilizándolo. Los otros le sacan el reloj, la billetera, las zapatillas y todo lo que tiene de valor en un instante. Cuando alguien grita llamando a la policía o pidiendo auxilio, se esfuman entre la gente.

Esa tarea es diaria. A veces roban a individuos y otras a negocios, especialmente los días de lluvia, cuando casi no hay personas en la calle y no se escuchan los ruidos. Hasta ahora nunca los han atrapado. Se reúnen en distintas casas para compartir la droga.

Adrián cada día está más dopado. No le importan las consecuencias, siempre agresivo y dispuesto a las peleas. Como la droga no es suficiente para calmarlo, muchas veces la mezcla con alcohol para subir los efectos.

En una oportunidad que se encuentra borracho y drogado, insultando a los que pasan y golpeando vidrieras y paredes, es detenido por la policía.

Por primera vez se encuentra en un oscuro calabozo, donde los policías lo han tirado sin consideración. Se levanta, sacudiéndose la ropa y se sienta cómodamente en la madera que sirve de cama. No le importa mucho el encierro, pero sí la falta de droga. Sabe que en poco tiempo se sentirá mal y no tiene a mano nada para calmar ese momento.

Cuando pasan veinticuatro horas, como todavía es menor

y también la primera vez que ha sido arrestado, lo liberan, amenazándolo con guardarlo más tiempo si sigue esa vida.

Adrián sale de la comisaría. El sol le hiere los ojos. Necesita con urgencia otra dosis de droga. Le duele el estómago y tiene calambres que lo hacen encogerse. Camina como puede hasta su casa. Al entrar se encuentra con su madre que lo mira con lágrimas en los ojos. Espera la reprimenda habitual, pero ella sólo le dice angustiada:

-Me estás matando hijo… Y lo peor es que te estás matando vos… -Mueve la cabeza resignada, gira sobre sí misma y se aleja murmurando despacio:

-Alguno de estos días los va a alcanzar una bala y me van a traer un hijo muerto…

El muchacho piensa que su vieja exagera. Se encoge de hombros y camina lo que le queda de espacio entre la sala y el dormitorio. Busca desesperadamente la jeringa, le pone la droga y va hasta el baño a llenarla de agua. Empuja el émbolo hasta que sale líquido por la aguja, se ata el brazo con una goma y se inyecta. De a poco va sintiendo el alivio y se tira en la cama. Tiene el cuerpo dolorido y está agotado, pero el efecto de la droga lo va calmando poco a poco.

Este episodio se repite de distintas maneras cada día. Margarita ya no tiene fuerzas para recriminar o revelarse ante esa realidad. Cuando sus hijos se ausentan por varios días, cada vez que escucha un disparo, su corazón se paraliza.

Un fin de semana, mientras todos duermen, se siente descompuesta y sacude a Ricardo que duerme a su lado:

-Me siento mal… -alcanza a decir y se desmaya.

Su esposo, al verla inerte, se levanta de un salto y va a llamar a la ambulancia.

En un rato aparecen dos camilleros y una joven con bata

de enfermera. Levantan a Margarita y la cargan en el vehículo, que sale disparado con el sonido desgarrador de la sirena. Ricardo viaja sentado, al lado de la camilla, observando la palidez cada vez más pronunciada de su esposa.

Al llegar al hospital, los enfermeros sacan a la enferma en la camilla y la llevan rápidamente hacia una sala al final del pasillo. El esposo se sienta, tomando la cabeza entre sus manos. Intuye la gravedad del ataque de su mujer y espera, ansioso, la salida de algún médico. Al rato se abre la puerta de la sala y aparece un doctor con cara muy seria. Ricardo se levanta rápidamente. Mira expectante al facultativo que le da la triste noticia que su esposa ha fallecido. Se resiste a creerlo y sin que lo puedan detener, penetra en la sala y corre hasta la camilla donde su esposa yace muy quieta, con el rostro tapado con una sábana.

-¡Vieja! ¡Vieja! –grita con desesperación.

Los enfermeros lo llevan al pasillo y le colocan una inyección:

-Debe avisar a los demás –le dicen muy despacio.

Ricardo sale del hospital como sonámbulo. Toma un taxi y le da la dirección de su casa al chofer. Al llegar advierte una aglomeración de gente en la vereda. Los vecinos y amigos que oyeron la ambulancia, se han llegado para saber lo sucedido.

El murmullo de la gente despierta a los muchachos que salen somnolientos, envueltos en las sábanas. No entienden qué pasa, pero por los comentarios que alcanzan a escuchar se dan cuenta de que se trata de su madre. Adrián corre al dormitorio y, al ver la cama vacía y desarreglada, sale corriendo:

-La vieja no está… -grita a sus hermanos.

En ese momento aparece Ricardo y les da la noticia.

En un primer momento, el muchacho queda tan shockeado

que se queda inmóvil. ¡No puede ser! ¡Su madre no…!

Todo lo demás se sucede rápidamente. Cuando ya el cuerpo está instalado en la sala velatoria, Alejandro se acerca al cajón. Adrián se une a su hermano que, tomándolo del hombro, lo acerca hacia el cuerpo inerte de su madre. Ambos lloran sin consuelo.

-La matamos, Ale… Nosotros la matamos… -El hermano mayor no dice nada. Sabe que Adrián tiene razón. Los médicos les han dicho que fue un ataque de presión, pero ellos saben que fueron los disgustos que le dieron.

El muchacho, por primera vez, levanta sus ojos al cielo y murmura "Dios, ayúdame". Se tira sobre el cuerpo en el cajón:

-No me voy a drogar más vieja… No voy a robar… Ni a pelear… -promete sollozando.

Rodolfo lo desprende del cajón y lo obliga a sentarse.

Adrián mira hacia uno y otro lado, buscando alguno de sus amigos. Es inútil. Ninguno ha venido. Recuerda que ese fin de semana había un recital de heavy metal. Seguramente prefirieron ir a divertirse. Por primera vez se da cuenta de que esos muchachos que él pensaba eran sus amigos, realmente no lo son. Simplemente comparten las andanzas y la droga, pero en ese momento que él los necesita, no están presentes. Su desilusión es tremenda.

De ahí en adelante, todo se sucede vertiginosamente. Cuando vuelven del cementerio a su hogar, encuentran a Ricardo golpeándose la cabeza contra la pared:

-¡Vieja! ¡Vieja! ¿Por qué te fuiste? —grita desesperado-. ¿Por qué me dejaste vieja? ¡Qué voy a hacer ahora sin vos! Sus hermanitos, lloran en un rincón. Cuando ve llegar a su hermano, Pablito corre hacia él:

-¿Cuándo vuelve mamá? –pregunta abrazando las piernas de Adrián.

Éste lo alza y lo aprieta contra su cuerpo. ¿Cómo le explica a ese niño que su madre no volverá? No tiene palabras. Alejandro alza a la niña y también la abraza fuerte. Lloran en silencio un rato. Es como si de repente les hubiera caído un camión de cemento encima.

Pasado un rato, Adrián deposita a su hermanito en el suelo y entra en el dormitorio buscando desesperado la jeringa para volver a inyectarse. Ante el dolor de esas criaturas, se olvida por completo de la promesa que hizo ante el cajón de su madre.

Capítulo 5

LA CÁRCEL Y UN DIAGNÓSTICO

FATAL

Pasado el shock del primer momento, los hermanos vuelven a la única vida que conocen: la delincuencia y la droga. Ahora más que nunca necesitan huir de la realidad.

Adrián, en sus momentos de lucidez, piensa en sus hermanitos solos en su casa. ¿Qué puede hacer por ellos? Nada. Vuelve a drogarse más que nunca. Se niega a afrontar otra responsabilidad. Prefiere olvidarse de todo lo vivido y el único alivio que encuentra es inyectándose. Tiene apenas 13 años y ya es prófugo de la justicia por la cantidad de delitos cometidos. Evita volver a su casa, donde sería fácil ubicarlo.

Analía toma la responsabilidad de cuidar de su hermanito. No es mucho lo que puede hacer, con su corta edad, pero se las arregla para alimentarlo e higienizarlo. Pablito, de a poco, intuye que su mamá no volverá. Colabora lo mejor que puede con su hermana y trata de portarse bien. Muchas veces se abrazan y lloran en silencio. Se encuentran solos y desamparados.

Pasa casi un año. Ricardo poco y nada aparece en el hogar. Se limita a llevarles dinero para sus gastos. Se ha vuelto a casar y vive en la casa de su mujer. Un día, se presenta ante sus hijitos y les anuncia:

-Ésta es su nueva mamá. Se llama Perla.

Los niños lo miran sin entender. ¿Cómo que esa señora es su mamá? Ellos recuerdan muy bien todavía a Margarita y esa mujer que les trajo su papá no se le parece en nada. No hablan, un poco por la sorpresa y otra porque calculan que, si objetan algo, su padre los recriminará.

-Vayan a buscar sus cosas –les ordena Ricardo, suavemente–. Nos vamos a vivir con ella…

Analía toma de la mano a su hermanito dispuesta a obedecer la orden. Muy pocas veces ha visto a su padre sonriente y complaciente como ahora. No quiere disgustarlo. En el dormitorio busca algunas prendas y las pone en un bolso bastante deteriorado, pero que le sirve para llevar un poco de cosas.

Mientras acomoda la ropa, Pablito la acribilla a preguntas. Ella se limita a callarlo:

-Shhh… No digas nada…

El niño obedece. Su hermana ha sido la única compañía que ha tenido desde la muerte de su mamá y si ella le aconseja que no hable, sabe que tendrá sus motivos.

Con la ropa amontonada en el bolso, Analía regresa al comedor de la mano de su hermano.

Ricardo los conduce a un auto que espera y que los llevará a su nueva vivienda.

Pasan los días sin mayores cambios. Ricardo sigue viajando y Perla se ocupa más de sí misma que de los niños. A veces les grita o los reta sin razón.

Pablito se aferra cada vez más a su hermana que sigue siendo el único apoyo que tiene. Analía ayuda en lo que puede para no disgustar a la dueña de casa.

Cerca de allí viven dos matrimonios que son sobreveedores en una iglesia evangélica. Viendo la situación de las criaturas, se ofrecen a llevarlos a su casa. Ricardo no pone objeciones, sabiendo que será un alivio saber que sus hijos estarán en buenas manos. De esa manera, los niños cambian de hogar.

Desde ese momento, la situación de los pequeños cambia radicalmente. A Pablito lo adopta una familia cristiana cuyo padre es uno de los sobreveedores de la iglesia y se llama Fernando; y su hermana Analía es adoptada por la familia del otro sobreveedor de la misma congregación, de nombre Oscar. Ambos son tratados cariñosamente y, por primera vez desde la muerte de su mamá, se sienten queridos y atendidos. Ante esa situación vuelven a sonreír y a comportarse como lo que son: niños.

Además de ropa nueva y cuidados, comienzan a ir a la escuela. Éste es otro motivo de alegría para ellos. Los domingos los llevan a la iglesia donde aprenden historias bíblicas y memorizan textos.

Dios les ha dado una nueva y hermosa vida. Aprenden a orar. La seño de la escuelita dominical les enseña que pueden pedir lo que quieran al Señor, que Él es amoroso y misericordioso. Esto lleva a Analía a interceder todas las noches por sus hermanos que hace mucho tiempo que no ve ni sabe de ellos:

-Por favor, Señor… -ora arrodillada al lado de su cama–. Cuida a mis hermanos… y a mi papá. Gracias por la familia que me diste… -Cuando va a decir el amén, recuerda algo más–: Y gracias también porque Pablito está bien y ahora vamos a la escuela… Y… -Titubea tratando de recordar cómo debe terminar la oración, pero sólo atina a decir-: Amén.

La maestra les ha dicho que no importa lo que digan al

Señor, Él entiende lo que sienten en su corazón. Eso tranquiliza a la niña que se levanta de sus rodillas y se mete bajo las sábanas limpias y perfumadas.

Mientras tanto Adrián sigue drogándose y robando para pagar su vicio que lo ha esclavizado totalmente. Todos los delitos que comete los hace bajo el efecto de la cocaína y, debido a eso, no toma conciencia de los peligros a los que se expone.

Un día, mientras intenta robar un negocio, es apresado por la policía y vuelven a encarcelarlo, pero esta vez es internado en un correccional de menores.

En ese lugar, hace amistades con muchachos iguales o peores que él, que le enseñan formas y maneras de cometer delitos de distinta índole. Cualquier motivo lo lleva a pelear y a desafiar integrantes de otras bandas allí internadas. Vive golpeado y lastimado, pero cada pelea diaria aumenta su agresividad, a tal punto de que sus amistades se reducen a un número muy chico. Consigue la droga a través de sus amigos y una de las maneras es venderla para poder pagarla. Como ya es un adicto consumado, no le importa qué tiene que hacer, con tal de sentir el alivio momentáneo de la cocaína.

Un día entran en la celda, que comparte con otros chicos de su edad, unos enfermeros para llevarlos a hacer análisis. El motivo que les exponen es que hay un brote de hepatitis en el penal y quieren aislar a todos los que no tengan esa enfermedad, para evitar el contagio.

Los conducen en fila india hacia los laboratorios. Les sacan sangre y los envían nuevamente a sus celdas.

Después de un rato, un enfermero llama a Adrián. Cuando llega al consultorio, lo espera un médico con anteojos que lo mira detenidamente y le anuncia:

-Eres portador de hepatitis C.

Adrián hace un gesto como no dándole importancia. El facultativo prosigue:

-También tienes HIV…. -Mira seriamente al muchacho y agrega–: Y esto es realmente grave…

Si en ese momento le hubieran pegado un tiro, hubiera sido más leve que esa noticia que acababan de darle. Adrián mira al médico, esperando que se rectifique, pero ante la dureza de su rostro, se da cuenta de que esa noticia no es una broma.

A la indicación del facultativo, otro enfermero lo lleva hasta una sala de reclusión separada de las demás.

Cuando se encuentra a solas, empieza a temblar. No sabe si de frío o de miedo.

-"Portador de sida… Eso es lo mismo que decir "muerte".

En ese tiempo al sida la llamaban la "peste rosa", porque la atribuían al contagio con homosexuales. Pero Adrián sabe que, en su caso, esa enfermedad es a causa de haber compartido las jeringas con toda la banda.

¿Qué va a hacer ahora? Toma su cabeza. Se tira el pelo… llora… grita. Su angustia es tremenda. Por primera vez se enfrenta realmente con la muerte. A pesar de todos los peligros a los que se expuso, éste es el peor.

Nunca dimensionó que llegaría a tener estas consecuencias.

Se sienta contra la pared y toma ambas rodillas con las manos. Esconde la cabeza entre las piernas y llora de manera desgarradora.

-¡No…! ¡No puede ser…! –Su voz se ahoga entre las piernas.

De a poco se va calmando. Se levanta y llama a un guardia:

-Quiero que me lleven a mi celda… -le dice. Más que un

pedido es una orden.

El policía lo mira, abre la puerta y lo conduce a otra celda. Adrián se da cuenta de que a los que están ahí, les han dado la misma noticia. Están callados, ojerosos. Ninguno levanta la mirada. Todos tienen una mezcla de sentimientos: frustración, rabia y rencor. Ya ninguno tiene deseos de pelear, ni siquiera de quejarse.

Desde ese momento, Adrián reniega de todo. Ya no le importa la vida. Sabe que, de una forma o de otra, su sentencia es la misma. Nunca sintió tan de cerca la muerte.

Capítulo 6

UN ENCUENTRO TRASCENDENTE

Después de ese nefasto día en que se enteró de su enfermedad, Adrián deambula por el penal como sonámbulo. Cada noticia que recibió hasta ese momento es de una pérdida. Primero perdió a su madre, que recién después que no la tuvo, comprendió cuánto la amaba y cuánto la necesitaba. Después, perdió la libertad. Pero lo peor fue enterarse que perdió también la salud. Siente un vacío muy grande. Ya nada le importa. De todas maneras sabe que en cualquier momento la muerte vendrá a buscarlo.

Queriendo compartir con alguien ese desasosiego, intenta escribir una carta a su hermano Rodolfo que se encuentra en la cárcel de Caseros. Trata de hilvanar una frase, pero, con lo poco que ha aprendido en las escuelas, no puede hacerlo.

Está en eso cuando Pepino, uno de sus compañeros, lo viene a buscar:

-Se están escapando —le dice, despacio—. Vamos a huir con ellos.

Salen corriendo y se encuentran con cuatro muchachos más. Los seis corren por el patio hacia un murallón que es el único, en la periferia de la cárcel, que da a la calle. En el trayecto, evitan las luces que vigilan el patio, se esconden y esperan hasta que todo sea oscuridad de nuevo. Vuelven a correr y se vuelven a esconder. Hacen todo eso hasta que llegan al paredón. Miran hacia arriba y les parece imposible ascender los trece metros de altura. Pero al lado de la pared hay una fuente, con una virgen cuya cabeza está a muy poca distancia de la cima. Trepan por la estatua, pisan la cabeza de la virgen y logran su objetivo. Los compañeros de Adrián se lanzan hacia los gajos de una planta de gomero que hay a muy poca distancia del lugar y, como esa planta no se quiebra, las ramas se doblan por el peso y los llevan hasta cerca del suelo, donde saltan y quedan en libertad.

Cuando le toca el turno a Adrián, se para en el borde y mira hacia abajo. Le tiemblan las piernas. Se le hace inmensa la distancia. Son trece metros, pero le parecen cien. No quiere quedar como un cobarde. No se anima a saltar hasta el gomero y prefiere agarrarse del borde del paredón. Se sostiene hasta que sus manos no aguantan más y cae. Cuando llega al piso, siente un chasquido en su tobillo y un dolor intenso. Se da cuenta de que se ha quebrado. Muy dolorido, se arrastra hasta un taxi que ha detenido uno de sus compañeros que le dicen el Gato. Suben y escapan hasta el hogar del amigo.

Esa noche es infernal. El dolor es intenso. Le sube fiebre y delira. Se le hincha el pie tremendamente. En la casa no tienen remedio alguno para calmarlo. Su amigo hace lo posible para ayudarlo, pero lo único que se le ocurre es ponerle pañuelos mojados en la frente.

Cuando llega la mañana, la madre del compañero lo lleva al hospital de Ramos Mejía. Allí lo curan, lo enyesan y le dan calmantes. Ya aliviado, sale con su compañero y se enteran de que a los otros cuatro que se fugaron con ellos, los agarró la policía y volvieron a encerrarlos.

El yeso no le impide a Adrián seguir delinquiendo. Necesita inyectarse y debe conseguir dinero para pagar su vicio. Se encuentra con su hermano Alejandro y ambos roban a peatones, a negocios y en toda oportunidad que se les presenta.

Andando por la calle, se enteran de que los compañeros de prisión que les detectaron sida, junto con él, de una manera u otra se han quitado la vida. Unos se han suicidado, mientras que otros se han arrojado a las vías del tren. Estas noticias nefastas se agregan a las que ya tenía: la muerte de su madre, la pérdida de su libertad, la hepatitis C y el HIV. ¡Ya no le importa vivir! A donde quiera que va, lleva cocaína, una jeringa y una tapita para disolver la droga. Como siempre anda en la calle y no tiene dónde encontrar agua, llena la jeringa con agua podrida de la cuneta y así disuelve la droga y se la inyecta. Sabe que eso le acelera la muerte, pero no le importa. Ya está harto de malas noticias y de vivir delinquiendo para sobrevivir.

En uno de los robos que participa con su hermano Alejandro, la policía los detiene y vuelve a la cárcel. Hasta ahora, por la edad, siempre lo mandan a un correccional.

En el penal sigue peleando. Ahora ya con más libertad, porque tiene a su hermano que siempre lo defiende y a quien respetan por su agresividad. Aprovecha esa ventaja y se agranda, haciéndose el matón. Esto lo lleva a ser castigado reiteradamente. Pero le da lo mismo. Ya su vida no tiene sentido. Tarde o temprano sabe que va a morir. Si no es por alguna de sus enfermedades, será por una bala de la policía o de otros delincuentes.

Mientras está detenido en ese lugar, le llega la noticia de la muerte de su padre, que, enterado de la vida que están llevando sus hijos, tiene un infarto. Otra mala noticia.

De ese penal también se escapa con su hermano. La historia se repite. Roban, se drogan y la policía los vuelve a agarrar y los llevan a otro reformatorio.

Durante cuatro años sigue esa serie de sucesos, hasta que

ya, por la cantidad de veces que ha sido apresado, termina en una cárcel de mayores. Alejandro, sentenciado por otro juez, es enviado a otra cárcel.

Estando en ese penal, con 19 años, se entera que su hermano Rodolfo, que estaba preso en la cárcel de Caseros, ha sido asesinado en un motín. Ésta es la gota que faltaba para rebalsar el vaso.

Las autoridades del penal, al enterarse de la muerte del hermano, lo envían custodiado al velorio. Allí se encuentra con sus hermanos menores: Analía y Pablo. Hace mucho tiempo que no ve a sus hermanitos. Se abrazan, lloran. Para Adrián es tremendo volverlos a ver en esa situación. También están sus tíos, primos y demás parientes.

Conmovidos por el dolor del muchacho, los guardias le quitan las esposas. Pasa una hora y media, más o menos, y se calma. Pide permiso para ir al baño. En una ocasión normal, debería haber ido con una custodia, pero ante la situación de dolor y de angustia que está viviendo, los guardias lo dejan ir solo, lo que es aprovechado por Adrián para volverse a fugar.

Ya en la calle, vuelve a su antigua vida. Roba y se droga continuamente. Ha entrado en el proceso de inyectarse cocaína, que, para estar calmado, debe hacerlo cada quince minutos. Si pasa más tiempo, se desespera. Con el efecto de la droga, no le importa la vida por lo que la arriesga constantemente.

No soporta otra mala noticia. ¡Ya basta! No quiere saber nada más. Su vida no tiene ningún propósito ni sentido. ¿Para qué seguir peleando? No tiene el coraje de suicidarse, pero busca la muerte. En ese momento piensa que si muere se liberará de toda su angustia y dolor. Pero pasa el tiempo y todo sigue igual.

Con 19 años, drogado, amargado, angustiado, prófugo de la justicia, camina sin rumbo por Lanús, por Avellaneda, mirando siempre a uno y otro lado para ver si hay algún policía u otro delincuente que le apunte con un arma.

Un día se encuentra en Banfield y, caminando sin rumbo, llega hasta Lanús. Se para en una esquina y divisa una iglesia evangélica de hermanos libres. Recuerda que a sus hermanitos los adoptaron pastores de esa denominación. Viendo un muchacho en la puerta le pregunta si está Pablo en ese lugar. El aludido responde que sí y él le pide que vaya a buscarlo. Al ratito aparece un joven, bien vestido, con traje y corbata:

-Yo soy Pablo –le dice sonriente-. ¿Qué necesitas?

Adrián lo mira receloso. ¡Éste no es su hermano! Se siente burlado y comienza a insultarlo. El muchacho lo mira sin inmutarse:

-Dios te ama –le dice, y le entrega un folleto–. Aquí habla del amor de Dios.

En ese momento, Adrián tiene el pelo largo, con aros y todo tatuado. Cualquier persona normal hubiera cruzado a la vereda del frente, pero este joven lo sigue mirando sonriente. No entiende nada. ¿Este muchacho, de dónde salió?

Quiere hacerlo enojar:

-¡Parecés un muñequito de torta! –se burla, lo amenaza para asustarlo, pero Pablo le sigue diciendo:

-Dios te ama.

Adrián, por fuera lo quiere comer, pero algo comienza a molestarlo por dentro.

-"Porque de tal manera amó Dios al mundo –lee Pablo–, que ha dado a su Hijo unigénito, para que todo aquel que en él cree, tenga vida eterna". En esa palabra "todo" estás incluido vos…

Nunca Adrián había escuchado esa verdad. Hasta ahora sólo había recibido malas noticias: "Murió tu mamá… tenés sida… tu amigo se tiró del tren… murió tu papá… asesinaron a tu hermano…". Pero ahora recibía una buena: "Dios lo amaba".

-¡Eso no puede ser! –exclama quebrantado–. Vos no sabés lo que soy yo. Siempre renegué de Dios por lo que me había pasado. Le di la espalda. Lo insulté. ¡Soy un blasfemo!

Pablo, inmune, sigue diciendo:

-Jesucristo vino y murió en la cruz para que vos puedas ser salvo. La Biblia dice que "al que no conoció pecado, por nosotros lo hizo pecado, para que nosotros fuésemos hecho justicia de Dios en él".

Casi llorando, quebrantado, Adrián le dice:

-A vos si te puede amar Dios, pero, ¿cómo me va a amar a mí? ¡Soy un delincuente, prófugo de la justicia! ¡Lo único que hice en mi vida fue maldad!

Pablo se acerca y lo abraza:

-Él vino a buscar y a salvar lo que se había perdido. No murió para salvar a gente buena solamente, sino para salvarte también a vos.

Siempre se había preguntado por qué la cruz, ¿por qué tanto dolor? ¿Por qué? ¿Por qué? En su ignorancia pensaba que Cristo había muerto en la cruz para que Mel Gibson pudiera filmar la película "La Pasión de Cristo". Ahora por fin comprende: Jesús murió para salvarlo a él.

Entiende que su peor problema no es el sida, sino su pecado.

En ese lugar, en esa vereda, Pablo lo ayuda a hacer una oración. Adrián, llorando, pide perdón al Señor por sus pecados y recibe a Cristo como Salvador.

En ese momento, aunque todavía no lo entiende, se cumple en él las palabras de Juan 8:32: "Y conoceréis la verdad, y la verdad os hará libres".

Por primera vez siente paz. Una paz que siempre buscó sin darse cuenta. Se siente feliz.

-Que Dios te bendiga –le dice Pablo–. Te felicito por la decisión que tomaste. Quisiera seguir hablando con vos. Explicarte la Biblia.

-Yo no sé dónde voy a estar mañana…

-¿Dónde vas a dormir?

-No lo sé… donde pueda…

-¿Querés venir a mi casa?

Adrián lo mira:

-Vos estás chiflado… ¿No ves mi pinta?

-Eso no importa –le explica Pablo y, tomándolo del hombro, lo conduce hasta su casa, al lado de la iglesia.

Cuando entran, la familia, integrada por el padre, la madre, dos hermanas y otro hermano, está cenando. Pablo anuncia:

-Este muchacho es Adrián… Acaba de recibir a Cristo.

Todos se levantan, lo felicitan y lo abrazan. El Pastor todavía no se ha sacado la corbata. Con lágrimas en los ojos le dice:

-Es la mejor decisión que tomaste, Adrián.

Él no puede entender tanto gozo. ¿Estarán borrachos? ¿O quizás están tomando una droga que él no conoce? ¿Por qué es tan importante para ellos lo que ha hecho?

Queda callado y mirándolos incrédulo.

Lo invitan a cenar. Se sienta en una silla vacía con recelo, mirando la sonrisa en el rostro de todos. Desde su asiento observa las cosas que están a su alrededor: una videocasetera, el televisor… cosas que antes robaba. Entonces piensa: "Cuando se duerman me llevo todo", pero después de conversar un rato, se duerme profundamente. Nunca sintió tanta paz.

Sin que él se dé cuenta, Pablo se comunica por teléfono con el Instituto Palabra de Vida, donde estudia.

Al otro día, el muchacho que le presentó el evangelio, lo lleva a trabajar con él. Pablo es jardinero y hace ese trabajo para pagarse parte de la cuota del Instituto. Ese día lleva a Adrián. Le da una escoba para que barra las hojas del patio.

Adrián no sabe qué hacer. Nunca ha agarrado una escoba. Mejor dicho, nunca trabajó.

A los diez minutos, tiene ampolladas las manos. Se enoja:

-Mirá cómo tengo las manos. –Se queja con su amigo–. Esto no es para mí…

Viendo el enojo de Adrián, Pablo vuelve a su casa y habla nuevamente al Instituto. Cuando recibe la autorización de los directivos, prepara sus cosas, alza la mochila de Adrián, y sube al auto de su familia, invitando a su joven amigo que lo acompañe.

Después de viajar un rato, Adrián pregunta:

-¿Dónde vamos?

-Al Instituto Palabra de Vida, donde estudio –le explica

Pablo, sin dejar de mirar la ruta–. Te va a gustar, ya vas a ver.

A Adrián no le importa mucho a donde van, con tal de que sea lejos de Buenos Aires, donde lo busca la policía.

Capítulo 7

LA LLEGADA AL INSTITUTO

Cuando llegan al Instituto y bajan del auto, varios jóvenes se acercan a saludarlos. Adrián los mira con recelo. Siempre que se acercaban a él era para pedirle plata, pero al poco tiempo se da cuenta de que ahí todo es distinto. Lo saludan con una sonrisa o un abrazo. Eso es totalmente nuevo para él. Nunca lo han tratado así. El amor que le demuestran es auténtico.

Se da cuenta de que hay jóvenes de distintos países, pero todos hablan el mismo idioma: comunión y amor. Adrián está totalmente asombrado. Nunca se imaginó que pudiera existir un lugar así.

-Vamos, te voy a presentar a los directores del lugar –dice Pablo, tomándolo del brazo.

-¿Me llevas a las autoridades? –pregunta desconcertado–. Luego piensa: "Aquí se acaba todo, cuando sepan que soy portador de sida, seguro que me mandan de vuelta".

Se deja conducir, resignado. Entran en las instalaciones y, al llegar a una puerta, Pablo golpea suavemente. Desde adentro se escucha una voz:

-Pase…

Penetran al interior y Pablo lo presenta:

-Este joven es Adrián, anoche recibió a Cristo…

El Director se levanta del sillón que ocupa detrás del escritorio y viene a saludarlo.

-Bienvenido, Adrián –le dice con una sonrisa, abrazándolo.

El joven queda desconcertado. Esperaba otro recibimiento, pero se siente feliz de ser tratado con cariño. Ese lugar le gusta cada vez más.

Pablo lo mira:

-¿Tenés algo que decir? –le pregunta, esperando que él mismo cuente su problema.

Adrián comprende lo que su amigo quiere y empieza a balbucear.

-Quiero decirle que soy portador de HIV –dice esto y queda callado, esperando una reprimenda o algún reproche, pero su asombro es mayúsculo cuando escucha al Director:

-Aquí tenemos varios como vos… Trataremos de ayudarte en todo lo que podamos… Solamente tenés que venir a nosotros cuando te sientas mal o necesites algo…

Adrián no puede creer lo que está escuchando. ¿Habrá oído bien lo que él le dijo? Para asegurarse repite:

-¿Entiende lo que acabo de decirle? Soy portador de sida…

-Sí… ¿y qué? Te dije que aquí hay varios jóvenes con tu problema… Solamente queremos que te sientas bien… -Y dirigiéndose a Pablo, agrega–: Ubicalo en alguna cabaña… Después llenamos su planilla…

Cuando ya se encuentran afuera de las instalaciones principales, Adrián pregunta:

-¿De qué planillas hablaba el Dire…?

Pablo lo mira sonriente:

-Los que llegan aquí por primera vez, tienen que dar sus datos. Es para llevar el control de los estudiantes… -Ante la vacilación que advierte en su amigo, añade–: Pero no te preocupes, es sólo una formalidad…

"Sí –piensa Adrián–, pero también tendré que decir que soy prófugo… y eso no creo que lo permitan".

A todo esto, llegan a una de las cabañas que están diseminadas en todo el predio. Pablo abre la puerta, invitándolo a entrar.

-Chicos –anuncia–, éste es Adrián… Va a compartir el dormitorio con nosotros…

Los muchachos se levantan, lo saludan con una sonrisa y un abrazo:

-¡Bienvenido! –le dice cada uno de ellos–. Estamos para ayudarte…

Adrián mira incrédulo a esos jóvenes que le sonríen. No articula palabra del asombro. Al momento, lo ayudan a acomodar sus cosas en un armario vacío y le muestran una cama:

-¿Preferís dormir aquí? –le dice uno de ellos–. Si no, elegí la cama que más te guste y nos cambiamos de lugar…

No puede ser verdad lo que está escuchando. Tiene miedo de estar viviendo un sueño. No quiere despertarse. Esta realidad es totalmente opuesta a todo lo que ha vivido hasta ese momento. ¿Cuándo le dieron a elegir lo que deseaba? ¡Nunca!

Y ahora, de repente, todo ha cambiado. No sale de su estupor. Se queda callado para no romper el hechizo.

Ante su silencio e intuyendo sus sentimientos, uno le ofrece una galleta, otro un mate y de a poco lo integran al grupo.

"Todo esto es hermoso –piensa Adrián–. ¡Cómo me hubiera gustado conocer antes este lugar…! Pero no sabía que existía algo así".

Se duerme sintiéndose feliz como nunca. A la mañana siguiente, Pablo lo toca suavemente:

-Adrián… Despertá… Tenemos que ir a clase…

El joven se sienta en la cama sobresaltado. Mira hacia uno y otro lado y se da cuenta de que no ha soñado. Uno de sus compañeros se está afeitando. Otro vistiéndose. Es el mismo lugar de la noche anterior. Se levanta y va hasta el armario. Saca unas prendas y comienza a vestirse. Cuando mira la ropa, piensa: "Si supieran que todo esto es robado"; pero no dice nada.

Cuando están listos, cada uno recoge su Biblia y sale.

-"Tengo que llevar ese libro negro que me regaló el Pastor… Debe ser de ahí que estudian".

Al llegar al aula, como el día anterior, lo reciben con una sonrisa. Cada vez se siente más a gusto en ese lugar. Casi no habla. El lenguaje de ahí es totalmente distinto al que él sabe y con el cual siempre se manejó. Tiene vergüenza de expresarse y delatar su procedencia.

Todos respetan su silencio. Lo atribuyen a su carácter, pensando que con el tiempo va a cambiar.

Mira hacia los pupitres vacíos sin decidirse. Pablo lo toma

del brazo y lo conduce hasta uno libre:

-Por el momento, sentate aquí... Después veremos... -le dice guiñándole un ojo.

Entra el Profesor y, antes de comenzar la clase, hace una breve oración. Adrián no entiende nada. Menos cuando abre su Biblia y empieza a enseñar. El tema que está exponiendo el Profesor es sobre las dispensaciones. Adrián está sentado en la primera fila y, como el expositor es extranjero, cuando pronuncia algunas palabras salpica con saliva el rostro del muchacho que se seca cada vez más enojado. "¿De qué está hablando?". Escucha y entiende las palabras, pero no su significado. Presta mucha atención para interpretar algo de lo que explica el profesor, pero es inútil. Se siente desilusionado. ¿Cómo va a continuar asistiendo a clase cuando no sabe de qué se trata?

Cuando salen, Pablo le pregunta:

-¿Te gustó la lección?

Adrián se encoge de hombros como contestación.

-Yo sé que esto es nuevo para vos –Continúa su amigo, tomándolo del hombro–; pero ya te vas a adaptar... La mayoría, cuando llegamos, nos costó un tiempo agarrar el ritmo... Pero vas a ver que cada día te va a resultar más fácil... No te desilusiones...

Hay algo que carcome a Adrián desde esa mañana:

-¿Todo esto hay que pagarlo? –pregunta, ansioso.

-Sí... Pero no te preocupes, todos los muchachos de la habitación estamos orando para que el Señor te ayude también en eso...

-Pero yo no tengo ni un sope…

Pablo sonríe como contestación y sigue caminando. Cuando se encuentran cerca de la cabaña donde habitan, viene un compañero y le dice:

-Adrián… Nuestro consejero quiere hablar con vos… Vení. Te acompaño.

-"Sonamos… se enteraron de todo… seguramente me echan…" –piensa, mientras se dirigen al edificio central.

En el vestíbulo los recibe un hombre algo canoso.

-Éste es Adrián, Profesor… -Lo presenta el joven acompañante.

El hombre mayor le extiende la mano:

-Mucho gusto, Adrián… Te mandé llamar porque tengo algo importante que comunicarte. –Ante el silencio del muchacho, continúa–: Imaginándome que no tenías para pagar el Instituto, me tomé el atrevimiento de comentar tu caso con una pareja de australianos que estuvieron estudiando el año pasado, pero que ahora viven en el pueblo. Al saber tu caso, se ofrecieron a pagar las cuotas de tu primer año. Él se llama Juan y su esposa María. No los conoces, pero cuando quieras te puedo llevar…

Adrián recibe la noticia como si fuera un golpe eléctrico. Queda en estado de shock por un rato. Todo lo que le ha sucedido desde su llegada es increíble, pero esta noticia supera totalmente a las demás. ¿Qué clase de personas pueden ser para pagarle el estudio a un total desconocido? Por más que trata de elaborar una explicación posible, no puede hacerlo.

Como permanece en silencio, el Profesor le dice:

-Me imagino que aceptarás la oferta que te hace este matrimonio...

-No lo puedo creer... No lo puedo creer... -Repite Adrián en voz baja.

El hombre sonríe, lo palmea en el hombro y le explica:

-Ésas son las cosas que hace el Señor por nosotros... -Y diciendo esto, se retira.

Cuando el joven vuelve en sí del asombro, recuerda lo que Pablo le dijo esa tarde. Sus compañeros oraron para que él solucione su falta de dinero... Y Dios los escuchó. Eso le ayuda a creer más en ese Ser que hasta hace poco le era desconocido.

La vida del Instituto es totalmente opuesta a lo que él ha vivido hasta ahora. Le cuesta muchísimo adaptarse al ritmo y a las exigencias de ese lugar, pero sabe que es la única manera posible de cambiar su vida de pecado, drogas, delincuencia, etc., que sólo le trajeron dolor y frustraciones. Las numerosas actividades lo mantienen ocupado física y mentalmente, de modo que no tiene tiempo de pensar en drogarse, ni delinquir. El único vicio que le cuesta dejar es el cigarrillo, pero es tal el cambio que se ha operado en su ser, que al poco tiempo también logra vencer ese mal hábito.

Una de las exigencias del Instituto es leer la Biblia y estudiarla. Para él es una misión imposible. De niño, cuando tendría que haber aprendido, se escapó de todas las escuelas que asistió o fue echado por mala conducta, de modo que no aprendió ni lo básico, que es leer y escribir. Ahora sufre las consecuencias.

No entiende prácticamente nada de lo que explican en las clases. Todo es nuevo para él. Nunca escuchó las historias de la Biblia. Es más, nunca imaginó siquiera que existiera un libro así. Pero se da cuenta de que con sólo escucharla su alma se va renovando a una realidad maravillosa. Siente tanta necesidad de aprender, que pone todo su empeño. En las horas de biblioteca comienza a transcribir letra por letra, cada palabra que llama su atención. El libro que más le ha impactado es de Los Proverbios de Salomón. Y como dicho libro contiene treinta y un capítulos que equivalen a los días del mes, se propone transcribir uno cada día.

Intenta escribir especialmente lo que llama su atención, que en realidad es todo, porque no sabe ni siquiera las vocales. Como un niño de primer grado, va deletreando y escribiendo cada letra hasta convertirla en una palabra. Esto le absorbe mucho tiempo, pero en su tenacidad, lo va consiguiendo. Lee en voz alta para escuchar las palabras y retenerlas mejor.

En ese proceso también lo ayudan sus compañeros, que ahora se convirtieron en sus amigos. Pero, sobre todo, recibe una especial ayuda del muchacho que lo encontró en la calle y le presentó el evangelio de tal modo que quebrantó su corazón para recibir a Cristo. Pablo lo ayuda, anima, aconseja, lo trata como un hijo, con lo cual consigue que Adrián lo quiera y admire cada vez más. Siempre que necesita un consejo o una palabra de ánimo recurre a él. Y siempre consigue lo que busca.

De esa manera transcurre su vida. La Palabra de Dios obra poderosamente, de tal manera que se cumple en él lo que dice Romanos 12:1 y 2: "Así que, hermanos, os ruego por las misericordias de Dios, que presentéis vuestros cuerpos en sacrificio vivo, santo, agradable a Dios, que es vuestro culto racional. No os conforméis a este siglo, sino TRANSFORMAOS por medio de la RENOVACIÓN DE VUESTRO ENTENDIMIENTO; para que comprobéis cual sea la buena voluntad de Dios, agradable y perfecta".

Adrián tiene varios compañeros y alumnos del Instituto

que sufren su misma enfermedad: el sida. Lo tremendo para él es ver que uno a uno van muriendo. Cada vez que velan a alguno de ellos en el Instituto, piensa que el próximo será él. Es una realidad de la cual no puede huir.

UNA DIFÍCIL DECISIÓN

Pasan alrededor de quince días después que se ha integrado al Instituto y, en esa oportunidad, después de la reunión, el predicador anuncia que es el día de UME (Unión Misionera Evangélica). El encargado es Hugo Salinas, alguien a quien Adrián admira. No tiene la menor idea de qué se trata, pero al observar que todos se separan en grupos, comienza a mirar detenidamente a cada uno de ellos. Entiende que, como alumno, debe unirse a alguno.

Entre todos los reunidos, divisa un grupo de bolivianos. Piensa que entre ellos se sentirá más cómodo. Sin dudarlo más, se llega a ellos. Ahí se lleva otra agradable sorpresa. Están cantando, orando y hasta algunos lloran. No entiende lo que pasa, pero se siente a gusto. De repente, uno del grupo que está a su lado, anuncia:

-Tenemos que orar por las misiones y esta vez nos toca Bolivia, nuestra patria.

Estas palabras son suficientes para que todos inclinen la cabeza y se escuche las oraciones de los allí reunidos. En un momento de silencio, el compañero a su lado le pregunta:

-¿Podés orar? –Y aclara–: Te corresponde hacerlo por Tarija y Oruro.

Esto desconcierta sobremanera a Adrián. Nunca ha orado en público. Inclusive cuando lo ha hecho en privado, no sabe si lo ha hecho bien, pero para no quedar como ignorante, se anima:

-Señor Jesús. –Comienza la oración con las mismas palabras que ha escuchado varias veces–. Te doy gracias por estar en este lugar, rodeado de gente tan buena. Ahora te pido por doña Tarija y don Oruro. No sé si son creyentes, pero si no lo son, te pido que los salves… -Sigue un momento más y, cuando termina y abre los ojos, todos en el grupo lo miran con cara de pocos amigos. No entiende qué pasa, pero se alejan comentando y haciendo bromas por su oración.

Un compañero, comprendiendo el desconcierto por el que está pasando, se acerca:

-Tarija y Oruro no son personas, Adrián, son provincias de Bolivia. –Le aclara, sonriendo.

El joven que acaba de orar, comprende lo que ha pasado y la reacción de sus amigos.

-No lo sabía. –Se disculpa–. ¡Yo no conozco ni el mapa de Argentina! ¿Qué me iba a imaginar que esos nombres correspondían a provincias y no a personas…?

El compañero simplemente sonríe comprensivo, le pone su brazo en el hombro y lo acompaña hasta la cabaña, disimulando la risa que este incidente le ha causado.

Pasa un tiempo más y, como le han dicho que en el Instituto hay personas que también tienen sida, quiere conocerlos. Pregunta a su consejero y éste le señala varios jóvenes que asisten a clase. Algunos viven en el Instituto y otros en la ciudad de Monte.

Adrián los observa. Están sonriendo. Comparten la comunión con los demás estudiantes y no demuestran estar sufriendo:

-Se los ve felices –comenta el joven a su acompañante.

-Y lo son, Adrián. El sida no es un impedimento para vivir la vida cristiana. -Su amigo, observando su interés, le explica–: Ellos comparten a todos los que pueden lo que Cristo ha hecho en sus vidas… Algo que también podés hacer vos… Ustedes tienen una gran ventaja, el cambio que han experimentado es el mejor testimonio de lo que Dios puede hacer cuando restaura una vida.

Adrián comprende lo que su compañero le acaba de explicar. ¡Cómo quisiera volver al mundo que vivió para decirles a todos lo que Cristo puede hacer si le reciben como Salvador! Está decidido a prepararse para predicar y contar su testimonio donde el Señor le indique. Pero es algo tan incierto que no se anima ni siquiera a imaginarlo. ¿Vivirá el tiempo suficiente para hacerlo? ¿Su enfermedad se lo permitirá? ¡Ojalá Dios le prolongue la vida!

Adrián se despide de su amigo y comienza a caminar pensativo. ¡Qué hermoso sería formar una pareja, amar a una mujer y poder casarse con ella! Siempre oye a sus compañeros orar por ese motivo. ¡Pero para él eso es imposible! Su enfermedad no se lo permite. En ese momento viene a su mente una cordobesa que lo impactó desde que llegó. Además de ser hermosa, tiene ojos claros, de mirada cautivadora. Pero ella ni ha advertido su presencia. Apenas lo saluda y solamente cuando se cruzan por casualidad. ¿Para qué hacerse ilusiones?

Trata de quitar de su mente esos pensamientos que lo entristecen. Ésa es una de las consecuencias que más le duelen de su antigua vida de pecado. Pero tiene que asumirla.

Al poco tiempo se entera que uno de los muchachos contagiado de HIV ha fallecido. Esto produce un nuevo shock en su vida.

Adrián intuye que él puede ser el próximo. Esto le produce desasosiego, no por la muerte, porque ahora sabe que si eso llega a suceder, él irá a la presencia del Señor. Pero lo que lo entristece es que no podrá cumplir su anhelo de compartir su experiencia para que otros no hagan lo que él hizo y le trajo tantas consecuencias feas.

Camina despacio a su cabaña, ensimismado. Hay otra cosa que lo tiene intranquilo desde que llegó. No le ha confesado a nadie que es prófugo de la justicia. Intuye que cuando lo haga, terminará para él esto hermoso que ha encontrado y que le ha renovado las ganas de vivir. Pero también sabe que debe hacerlo. No puede esconder algo de tanta importancia. Decidido, se dirige a la dirección. Golpea la puerta y al recibir el permiso penetra al interior del lugar. Sentado detrás de un escritorio está Dan Nüesh, uno de los directores del establecimiento. Cuando lo ve llegar, se levanta y va a recibirlo como siempre, con una sonrisa y palmeándole la espalda:

-¿Qué te trae por aquí? –le pregunta interesado-. ¿Necesitás algo?

Adrián queda callado un rato. Le cuesta confesar su situación. Ante la mirada sincera del Director, se anima:

-Dan, quiero decirle algo que oculté desde mi llegada a este lugar… -Se detiene, esperando alguna reprimenda, pero al ver que el hombre parado frente a él lo mira interesado, continúa–: Soy prófugo de la justicia. Me dieron ocho años de prisión, pero después de cumplir solamente cuatro, me escapé… -Se detiene en su confesión. No se anima a seguir.

Dan, intuyendo la indecisión del joven, lo mira y le pregunta:

-¿Y ahora qué decidiste? ¿Querés saldar tu deuda?

-Sí... -dice tímidamente Adrián–. Pero tengo que ir a Buenos Aires, donde me condenaron.

-¿Querés que te acompañemos?

Esa pregunta, dicha con tanta espontaneidad y sinceridad, produce que broten lágrimas de sus ojos. ¡Cómo puede alguien querer arriesgarse así!

-Le agradezco... -contesta Adrián con decisión–. Pero es algo que tengo que hacer yo solo. No quiero que nadie se vea involucrado en esta situación. Lo más posible es que me encierren nuevamente. Pero no podré tener verdadera paz hasta que lo haga.

Dan lo abraza.

-Eso me demuestra que estás decidido a cambiar... Y me alegra... Estaremos orando por vos...

Adrián agradece y se retira. Va hasta la cabaña, prepara sus cosas y sin dar mayores explicaciones a sus compañeros, camina hasta el pueblo y toma el colectivo hacia Buenos Aires.

Llega al juzgado donde fue llevado tantas veces y pide hablar con la Juez que siempre lo ha condenado.

Cuando se encuentra ante ella, le manifiesta que viene a entregarse, contándole lo que ha vivido este último tiempo.

La Juez lo mira de arriba abajo. Reconoce que está cambiado, pero calcula que es una de las tantas tretas de las que se valió siempre, por lo que llama a un oficial y lo hace esposar.

-¿Cómo me dijiste que se llama el lugar donde estuviste este último tiempo? –pregunta la Juez, sin demostrar ninguna compasión–. Me vas a acompañar a ese lugar para hablar con los encargados. Quiero saber si lo que me dices es verdad.

-El establecimiento se llama Palabra de Vida, y está cerca de Monte... -explica Adrián–. Pero no quiero que involucren a nadie de ese lugar…

-¡Eso lo veremos! –exclama la mujer y, sin otra explicación lo toma del brazo y lo introduce en un patrullero.

Al llegar al pueblo de Monte, Adrián les indica el camino a seguir para llegar al Instituto. Cuando entra la patrulla, los integrantes del lugar rodean el vehículo y, para su asombro, bajan a Adrián esposado. Lo introducen en el edificio y piden hablar con el Director.

Al momento se presenta Dan:

-¿Quería hablar conmigo señoría? –pregunta educadamente a la Juez.

-¿Usted es el Director?

-Sí… ¿Qué se le ofrece?

Adrián permanece con la cabeza baja. Además de su vergüenza, piensa angustiado que pueden involucrar a alguien por encubrimiento. Eso sería tremendo para él. Dan, el Director del Instituto, cuenta con los mayores detalles el cambio en la vida de Adrián. La mujer lo mira perpleja:

-¿Tanto ha cambiado este sinvergüenza? –No puede creer que, aquel que ella condenó reiteradas veces, sea la misma persona. Mira al joven que permanece con la cabeza gacha.

-No puedo creer el cambio que usted me ha contado –dice decidida–; pero quiero darle otra oportunidad a este muchacho. Si usted se hace cargo de su situación, yo le voy a dar libertad condicional estos cuatro años que le faltan de condena…

Adrián levanta la vista creyendo que ha oído mal.

La Juez continúa:

-La condición es que esos cuatro años los pase en este lugar… Y si vuelve a delinquir, lo que me imagino que hará, no sólo él va a ir preso, sino también usted.

Dan la mira sin inmutarse:

-Estoy de acuerdo, señoría…

La Juez ordena que le quiten las esposas y se retira. Adrián no puede absorber todavía esa situación.

-¿Se da cuenta a lo que se expone, Director? –le pregunta asombrado.

Dan le sonríe:

-Yo sé que no vas a volver a delinquir, Adrián. Tu cambio es sincero. Solamente quiero ayudarte en todo lo que pueda. –Lo observa un momento y prosigue-:

¿Qué sabes de tus hermanos Analía y Pablo? Me contaste que después del velorio de tu hermano, no los volviste a ver…

-Sí… -contesta indeciso el joven–. Sé que los adoptaron dos familias de cristianos evangélicos, pero no sé nada más…

-El diablo ha querido destruir tu familia, Adrián–. El joven afirma con un movimiento de cabeza–. Pero no lo vamos a dejar que siga… Pablo Martini debe tener algún otro dato… -Mirando fijamente a Adrián le pregunta-: ¿Te gustaría que ellos vinieran a estudiar al Instituto?

Adrián levanta la vista, emocionado:

-¡Por supuesto que me gustaría! Pero…

-No te preocupes… Voy a averiguar dónde están. Y, si ellos quieren, los vamos a integrar al Instituto…

El joven lo mira con lágrimas en sus ojos, lo abraza y se retira conmovido en lo más profundo de su ser.

No puede creer haber vuelto a ese lugar, y ¡ahora libre de la condena que pesaba sobre él! Y lo mejor de todo, podrá volver a ver a sus hermanos tan queridos.

Eleva su corazón al Señor: "¡Gracias, Dios, gracias!". No alcanza a decir nada más.

ALBA Y EL PRINCIPIO DE UNA AMISTAD

Como Dan le prometiera, al poco tiempo consigue traer a Pablo y Analía al Instituto. Al verlos de nuevo, y ahora en este lugar, Adrián abraza a sus hermanos y lloran de emoción. Es tan evidente el cambio del joven que esto hincha de emoción los corazones de los recién llegados. La última vez que lo vieron, en el velorio de Rodolfo, estaba en un estado calamitoso y ahora, con el cabello corto, bien peinado y, sobre todo, sobrio y sonriente. Pablo abraza nuevamente a su hermano y Analía lo imita. Dan observa esa escena conmovido y se retira. Seguramente tendrán mucho que contarse.

Después de instalarse en las cabañas correspondientes, los hermanos comienzan a asistir a clase y se unen a las distintas actividades del lugar. A ellos no les cuesta integrarse al estudio porque, al haber ido a la escuela, se les facilita todo.

Adrián, su segundo y tercer año los paga haciendo trabajos en el mismo Instituto y con ofrendas que hermanos anónimos del país y el extranjero mandan para aquellos que no tienen los medios para hacerlo. A Pablo y Analía también les conceden ese privilegio.

Adrián, cuando cursa su tercer año todavía le cuesta leer y escribir, pero especialmente entender las lecciones. En ese momento están estudiando el libro de Apocalipsis y el Profesor habla del hombre de pecado, del Anticristo, etc. Adrián no entiende nada y a cada rato pregunta:

-¿Qué dijo?

Como lo hace en voz alta, distrae a los alumnos. Alba, la joven de la que Adrián se ha enamorado desde el primer día que la vio, está sentada un poco más adelante que él y se siente molesta ante las constantes interrupciones del joven.

Cuando salen al recreo, la joven protesta, enojada:

-¡Ya me tiene harta ese muchacho! ¿Qué le pasa que interrumpe la clase constantemente? –Y, en tono de burla, añade-: ¿Qué dijo? ¿Qué dijo? ¿Es sordo o qué…?

Uno de sus compañeros se acerca y le comenta:

-No te enojes Alba. Adrián apenas sabe leer y escribir, por eso pregunta.

Al escuchar esa explicación la muchacha se siente tremendamente culpable de haberlo juzgado tan mal.

-¡Pobre chico! –comenta angustiada–. No me imaginaba que ése era el motivo.

Al otro día, Adrián se encuentra frente al kiosco del establecimiento, mirando y deseando cosas que allí se exhiben. Sabe que no puede comprar nada porque no tiene dinero.

De repente escucha a sus espaldas que alguien le dice:

-Adrián.

Reconoce al instante esa voz. "No puede ser" –piensa, dudando si escuchó bien o lo imaginó. Gira sobre sí mismo y queda sin palabras al comprobar que la joven parada frente a él es nada menos que Alba, la muchacha de la cual está perdidamente enamorado. Ella le sonríe. Su corazón se paraliza y no atina a articular palabra.

-Adrián –repite Alba–. Quiero disculparme con vos… No sabía que no sabes leer ni escribir…

"Oh, no –piensa el joven– ¿Quién se lo dijo? Encima que soy feo y bruto, ahora sabe que soy burro. No tengo nada a mi favor".

-Quiero preguntarte –prosigue la muchacha–; si querés que yo te enseñe…

Adrián siente que su corazón se acelera y no puede hablar de la emoción. Tanto que trató de llamar su atención y ahora es ella la que viene a su encuentro.

Como no dice nada, Alba repite la invitación:

-¿Querés?

-¡Oh, sí…! -responde apresuradamente-. ¡Por supuesto que sí…!

-Entonces nos vemos en la biblioteca –dice Alba, girando sobre sí misma.

Mientras observa la figura femenina que se aleja, Adrián no cabe en sí de la emoción. ¡Por fin podrá tenerla cerca! Le parece increíble. Es un sueño convertido en realidad.

Camina hacia la cabaña con una sonrisa. Nunca se sintió tan contento. Mira la hora y se da cuenta de que tiene que ir a clase. Todavía no ha terminado el estudio. Gira y se dirige hacia el aula. Faltan varias horas para su encuentro en la biblioteca. Trata de atender lo mejor que puede, pero su pensamiento está en otro lado.

Cuando termina el almuerzo, va hasta la cabaña. Se baña, afeita y busca la mejor ropa que tiene. Bien perfumado, se dirige a la biblioteca. En ese momento se siente un ganador. ¡Por fin estará con Alba! Podrá conversar con ella. Aunque sea solamente eso, ya se siente realizado. Tratará de aprender lo más rápido que pueda. O mejor no, así estará más tiempo a su lado.

Cuando llega a la biblioteca, Adrián recorre con la mirada el lugar hasta que divisa a Alba en una mesa, con el equipo de mate. Se acerca tímidamente, la saluda y se ubica en la silla del frente.

Desde ese momento en adelante, los encuentros son cada vez más seguidos. Entre ellos se forma una hermosa amistad. Ella comparte vivencias de su niñez. Es tan diferente a lo que él ha vivido, que, al principio, no se anima a contar la suya, pero poco a poco abre su corazón y relata su niñez, sus fechorías, sus entradas a la cárcel, etc.

Adrián se asombra al comprobar que ella no lo juzga ni se escandaliza por su vida pasada. Eso lo anima y le va contando todo con más detalles.

De a poco, el joven se da cuenta de que en Alba también ha nacido un sentimiento que ya no es amistad solamente. Esto lo alegra, pero a la vez lo asusta. ¿Qué puede ofrecerle? Es consciente de que, por su enfermedad, le está vedado el casamiento. Ni siquiera puede pensar en un noviazgo. Esto lo angustia sobremanera.

Quiere compartir con alguien ese sentimiento. Su consejero es médico, por lo que es el más indicado para decirle qué debe hacer.

Después de que Adrián le manifiesta sus sentimientos y lo que le está pasando, el Doctor lo mira y con mucha compasión le dice:

-Adrián, tenés que ser realista. ¿Qué podés ofrecerle a Alba? El amor no es suficiente en este caso… Tu enfermedad es muy grave y, lo peor, contagiosa…

-Sí… Lo entiendo… -Adrián baja la cabeza, resignado.

-Andá a hablar con Dan… Él es la autoridad y te dirá lo que tenés que hacer…

El joven camina muy despacio hacia las oficinas del Director. Intuye la respuesta que le dará, pero, aun así, con una pizca de esperanza, golpea la puerta.

Cuando obtiene el permiso para entrar, se dirige a Dan Nüesh, su Director.

En pocas palabras le explica su situación y queda a la espera de su contestación. El Director lo mira y le pregunta:

-¿Qué es el amor Adrián?

Desconcertado por la pregunta, el joven, con mucha suficiencia, contesta:

-Amar es dar… -Es lo que aprendió en las clases y sabe que es la respuesta correcta.

-Ésa es la definición… -Y mirándolo compasivamente, añade–: Y si amas a Alba, como me dijiste, ¿qué le vas a dar? ¿Tu enfermedad…?

El joven baja el rostro y se le llenan los ojos de lágrimas. Si hasta entonces había albergado algo de esperanza, todo se desmorona. La realidad lo confronta. Sabe que es algo a lo que debe renunciar. Pero, ¿cómo?

El Director lo mira, compadeciéndose de él. Quiere animarlo y le dice:

-Te quedan dos caminos Adrián: O te deprimes y te mueres, o afrontas la realidad y transformas ese problema en una plataforma para contar a otros las consecuencias que trae una vida de pecado y desenfreno.

El joven agradece y sale del despacho caminando despacio. Sus pensamientos lo llevan a los momentos que pasa con Alba. Siente un desasosiego inmenso, pero muy dentro de él sabe que debe obedecer. Los directivos la están cuidando y es lo mejor.

Llega al dormitorio y se tira boca abajo sobre la cama. Su alma se deshace en llanto. Llora con desesperación. Con impotencia, muerde la almohada para no gritar. Esta vez le pesa como nunca su antigua vida.

Busca al Señor en oración y le pregunta: "¿Por qué? ¿Por qué a mí?". Se deshace en llanto.

De a poco se va calmando. Gira y queda boca arriba, mirando el cielo raso. ¿Qué hará ahora? ¿Conviene que deje de verla? ¡No! ¡Eso nunca! Quiere por lo menos disfrutar de su compañía. Dentro de él siente un desasosiego inexplicable. Ha perdido todas sus esperanzas.

Esa noche le cuesta conciliar el sueño. Sus pensamientos vuelven continuamente a recordar las conversaciones, las risas y los secretos compartidos con Alba. De a ratos vuelve el llanto. Casi al amanecer logra dormirse.

Pasan algunos días y, con mucha fuerza de voluntad, va sobreponiéndose. Constantemente vuelven a su mente las palabras que escuchó del Director. Está tan agradecido al Señor por haberlo salvado, y por todo lo que le ha permitido vivir, que, a pesar de esta rotunda negación de formar un hogar, se da cuenta de que debe hacer lo que le ha sugerido su autoridad. Hasta ahora no se animó nunca a contar a nadie el problema de su enfermedad, por miedo a ser rechazado o por vergüenza. Sabe que las autoridades y los alumnos conocen su situación, pero sin detalles, y él instintivamente pensaba que guardando ese secreto estaba protegido de sus consecuencias. Ahora entiende que no es así. Dejando su temor atrás, se dirige decidido al escritorio de sus autoridades.

Llega y, después de obtener el permiso para entrar, se dirige a Dan y dice tímidamente:

-Vengo a decirle que estoy dispuesto a contar mi testimonio….

Para su asombro, el Director le dice, con inmensa alegría:

-Estábamos orando por esto… Tu testimonio va a ser de gran bendición para todos… Especialmente para aquellos que no imaginan las consecuencias físicas, mentales y sociales que esa vida de pecado consigue. –Se levanta de su silla, rodea el escritorio y abraza a Adrián.

El muchacho se conmueve profundamente ante esa reacción de su Director.

-Gracias –murmura con voz apagada–. Siento el deseo de contar mi testimonio, pero –duda un instante-; ¿cómo puedo hacerlo?

Dan sonríe y tomándolo de los hombros, lo separa un poco y comenta:

-Por ahora comenzaremos en el Instituto, ante tus compañeros… La semana que viene es la maratón anual donde vienen jóvenes a participar del campeonato. Es el mejor momento para que des tu testimonio y cuentes lo que el Señor hizo en tu vida…

Adrián se retira pensativo. No sabe si se animará, ni tampoco qué tiene que decir, pero, ante el entusiasmo que advirtió en el Director, siente que es lo correcto. Clama al Señor que le dé el valor y las palabras necesarias para llegar al corazón de aquellos jóvenes.

Cuando llega el día de la maratón, en el entretiempo de uno de los partidos de futbol, el Director anuncia la decisión de Adrián ante los jóvenes allí reunidos. Algunos son alumnos del Instituto, pero la mayoría son muchachos que vinieron a participar del campeonato. Dan hace señas al joven aludido para que se acerque. Éste camina indeciso hacia el lugar. Cuando se da vuelta y observa todos los ojos fijos en él, comienza a hablar en voz baja. Está temblando, pero ante la ansiedad que advierte en la mirada de sus compañeros, toma coraje y cuenta su historia. Cuando termina, duda haber dicho lo correcto, porque hay muchas cosas que explicó mal y otras que olvidó aclarar. Cuando escucha el aplauso de todos los presentes, se da cuenta de que no lo hizo tan mal y esto lo emociona hasta las lágrimas.

El Director viene hacia él y lo abraza. Eso motiva a los

demás a hacer lo mismo. Adrián agradece emocionado esas demostraciones de cariño.

EL VIAJE A FRANCIA

Pasa el tiempo y comienzan a llevarlo para que dé su testimonio en escuelas y distintos lugares donde hay jóvenes o adolescentes. Al comprobar el interés que despierta su historia, se anima a viajar donde se lo proponen. Así recorre distintos lugares de Argentina y de los países vecinos.

Mientras tanto, a pesar del consejo de los directivos, siempre que puede, se encuentra con Alba. Cada vez son más seguidos los pretextos para encontrarse.

La muchacha siente que su cariño por Adrián crece cada día, pero a la vez teme lo que pueda pasar entre ellos, por lo que decide viajar a España en una misión. Adrián siente un vacío muy grande ante la ausencia de la mujer amada, pero lo acepta sabiendo que es lo mejor.

Ya terminado su tercer año de estudio, pasa a formar parte del equipo de Palabra de Vida. De esta manera, tiene más libertad para viajar. En varias oportunidades lo hace al sur argentino y, en una de ellas, después de visitar algunas ciudades de Río Negro y Neuquén, pasa a San Martín de los Andes.

Como se acerca la Navidad, unos hermanos de Neuquén lo invitan a pasar las fiestas con ellos. En el viaje, comienza a descomponerse. Siente distintos síntomas alarmantes, entre los cuales un dolor de cabeza insoportable. Esto lo obliga a detenerse. Necesita un médico. Lo internan en el hospital y allí comprueban que tiene meningitis, el virus se llama meningococos. Es el más agresivo. Comienzan a medicarlo, pero no le dan esperanza de vida. Le advierten que lo más posible es que no pueda vencer esa enfermedad y lo menos que puede causarle es quedar ciego o paralítico. Adrián, en ese momento, cree ese diagnóstico porque no puede ver. Literalmente está ciego. Ante ese panorama, no tiene muchas esperanzas.

Con la fuerza de voluntad que lo caracteriza, después de quince días de mucho sufrimiento, antibióticos y tratamiento muy agresivo, el cuadro empieza a mejorar y con la ayuda del Señor logra vencer esa enfermedad, sin que le queden las secuelas pronosticadas.

Pero ese proceso le causa depresión. Su angustia lo lleva a reflexionar en la gravedad del HIV, la hepatitis C y otras consecuencias que lleva consigo.

Cuando logra recuperarse de su estado de ánimo, se dedica a invitar a jóvenes del valle para que asistan al campamento que organiza Palabra de Vida todos los años. Consigue reclutar a quince jóvenes que lleva al Instituto. Esto le produce gran satisfacción. Es algo que se había propuesto, pero que nunca había tenido la oportunidad de llevarlo a cabo.

Cuando, la noche de su llegada, tiene la oportunidad de compartir su testimonio ante cinco mil jóvenes allí reunidos, su gozo es mayúsculo. Al hacer la invitación de recibir a Cristo, comienzan a pasar muchos de ellos al centro de la cancha. Adrián llora de emoción. Es un anhelo que siempre albergó en su corazón y que ahora se ha cumplido.

Cuando terminan las actividades de verano en el Instituto, comienzan a llegar nuevas invitaciones de distintos lugares para dar su testimonio o talleres sobre prevención de drogas en las escuelas, institutos, etc.

Pasan alrededor de tres años de intensa actividad y un día, la propuesta proviene de Rafaela, provincia de Santa Fe. Acepta, como lo hace siempre y viaja hacia esa ciudad. Después de contar su testimonio en distintas escuelas e instituciones, se acerca a hablar con él un Pastor de Arroyito (Adrián no sabe que es Pastor) y le manifiesta su deseo de invitarlo para que cuente su vida en la radio y la televisión de su ciudad, porque están organizando un evento especial para festejar sus quinientos programas.

Adrián acepta dicha invitación. Luego lo invitan nuevamente. De esa manera se establece una hermosa amistad entre él y los hermanos de ese lugar. Lo llevan a las escuelas, a la radio, etc. Y comprobando el interés que despierta su historia y los resultados en la salvación de almas, lo siguen invitando reiteradas veces.

En una de esas oportunidades, se acerca uno de los pastores de la iglesia y le pregunta si él sabe de un médico en Francia que trata el HIV con muy buenos resultados.

Adrián le manifiesta que no tiene ni idea de esa probabilidad y, para su asombro, entre varios hermanos de esa ciudad le ofrecen pagarle el viaje a Francia y su tratamiento.

El joven se contacta con el médico del que le dieron los datos y, de esa manera, viaja hasta Francia. Se encuentra en un país totalmente desconocido para él y lo peor es que no entiende nada del idioma. No sabe ni siquiera hablar bien en español, mucho menos en francés. Haciéndose entender por señas consigue pedir comida y lo imprescindible para sobrevivir.

Es tanta su ignorancia que un día, hablando por teléfono con Dan, le pregunta cómo puede hacer para ir a Disneylandia, lo que produce una carcajada del Director:

-Adrián, estás en Francia… Disneylandia está en Estados Unidos, al otro lado del mundo…

El joven, después de esa comunicación queda más desconcertado. Es lógico su pregunta porque como no fue a la escuela, no conoce ni siquiera el mapa de Argentina. Al viajar en avión, pensó que desde allí podía conocer todo el mundo.

Va hasta el consultorio que tiene la dirección y se entrevista con el médico con el que habló por teléfono desde Argentina.

El facultativo, después de escuchar su historia, le hace los estudios necesarios y se queda admirado de que todavía esté vivo.

-¿Desde hace trece años que tienes HIV y nunca te trataste? –pregunta desconcertado.

Adrián responde con un movimiento de cabeza.

El médico, nunca escuchó ni trató un caso así. De inmediato comienza el tratamiento. En algunos días más, y como no necesita ser internado, Adrián regresa a Argentina. Debe seguir tomando los medicamentos recetados hasta nueva orden del médico francés.

Su enfermedad no lo detiene para seguir testificando.

A los pocos meses, el facultativo de Francia que lo atendió, sugiere a Adrián que regrese a su país para corroborar el efecto del tratamiento y evaluar cómo debe seguir. Esta vez no sólo le dan medicamentos, sino que le hacen varias operaciones. Además de las cirugías, debe soportar distintos tratamientos muy agresivos y dolorosos, al final de los cuales, el médico le anuncia que su enfermedad, aunque no está curada (ni lo estará), ha dejado de ser contagiosa.

Es imposible describir los sentimientos que esa noticia produce en Adrián. Sabe que sólo el Señor le puede haber regalado algo así, y esto lo lleva a alabarlo.

Regresa en avión. Al llegar al Instituto, busca a Alba, que ya ha regresado de su viaje a España. Es a la primera que quiere darle la noticia.

Cuando la encuentra, le dice alborozado:

-El tratamiento en Francia ha dado resultado… Ahora me puedo casar sin riesgo de contagiar… -Mira a la joven comprobando que hay lágrimas en sus ojos y prosigue emocionado-: Aunque sé que lo sabes, quiero decirte que te amo desde el primer día que te vi… ¿Querés casarte conmigo?

-Es una hermosa noticia, Adrián… Pero no puedo contestarte ahora… -Ante el desconcierto del joven, prosigue-: Quiero que oremos un tiempo… El Señor será el que confirme, o no, nuestra relación… -Sin otro comentario, se aleja caminando despacio.

El joven la mira mientras se aleja. Sinceramente esperaba otra respuesta. Aunque desconcertado, después de meditar un rato se da cuenta de que es lo mejor. El Señor es el que tiene la última palabra. Esto lo lleva a admirar y amar más a esa muchacha, que, con esa actitud, demuestra su madurez.

Comparte la noticia solamente con ella y los directivos. No quiere que nadie más se entere hasta que Alba le dé una respuesta definitiva.

La joven pareja sigue compartiendo charlas y mates en la biblioteca. Pasan seis meses y un día, Adrián advierte una sonrisa especial en su bella compañera. No dice nada, esperando que ella explique la razón de su estado de ánimo.

-Adrián… -comienza a decir la joven-. Hace unos meses me contaste del éxito que tuvo el tratamiento que hiciste en Francia… -El joven, la mira ansioso. Ella continúa-: Ese día me propusiste matrimonio, ¿Te acordás?

"Cómo para no acordarme" –piensa Adrián expectante.

Alba prosigue:

-Quiero decirte que acepto tu propuesta… Estoy dispuesta a casarme con vos…

Adrián no sabe si reír o llorar. En ese momento quisiera abrazarla y besarla, pero se contiene sabiendo el reglamento de esa institución, que no permite demostrar esos sentimientos en público. Eso no le impide tomar su mano y besarla repetidas veces.

-Tenemos que informar esta relación a nuestras autoridades… -La voz de Alba lo vuelve a la realidad.

Tomados de la mano, llegan a la dirección:

-Venimos a solicitar su permiso para ponernos de novio…

Adrián dice estas palabras y queda en silencio.

Dan los mira, sonriendo:

-Con la autorización del facultativo, nosotros tampoco nos oponemos a esa relación –les comunica–. Sé que es algo por lo que estuvieron orando este último tiempo y, al no apresurarse, demostraron su madurez…

Adrián intercambia una mirada con su novia y los ojos de ambos se llenan de lágrimas. El joven la toma del hombro y la aprieta contra su costado. Ella apoya delicadamente su cabeza en el hombro masculino.

El Director decide intervenir:

-Es hermoso cómo el Señor ha obrado en tu vida Adrián. Ahora ya estás en condiciones de casarte.

Los jóvenes agradecen emocionados el permiso y se retiran. Todo les parece un sueño. Tanto que desearon recibir esa noticia y ahora que se ha convertido en realidad, apenas pueden creerlo. ¡Podrán casarse! ¡Formar una familia! ¡Esto es demasiado maravilloso!

Es hora de la cena. Se separan y cada uno se dirige a su dormitorio.

Adrián llega hasta su cama y cae de rodillas:

-Gracias, Señor, gracias, gracias... -Es la única palabra que sale de su boca. Llora, pero esta vez es de emoción y alegría. En ese mismo lugar lloró su desventura y ahora sus lágrimas son de agradecimiento. Ésa es la recompensa que, aunque sabe que no la merece, le ha dado el Señor. Es otro de los milagros que recibe por haber creído en Cristo como su Salvador.

Capítulo 11

LA BODA

Adrián sigue encontrándose con Alba. Espera, ansioso, el momento de concretar su matrimonio. Mientras tanto ora intensamente por su porvenir.

Esto no le impide seguir viajando para dar su testimonio. Cada vez que lo invitan, acepta gustoso. Muchas almas llegan a Cristo al contar su vida y esto lo llena de gozo. Nunca se imaginó que algo tan feo como su pasado, despertara en los jóvenes tanto interés.

Después de cada charla, siempre hay alguien que pide hablar con él. A veces son jóvenes que le preguntan cómo salir de la droga, o cómo evitar caer en ella. Y otras veces son padres que buscan un consejo para sacar del vicio a sus hijos que han caído en ese flagelo. Él aconseja como puede, sintiéndose impotente ante tantos problemas que le presentan y, como nadie, sabe las consecuencias que la delincuencia y la droga conllevan. Ha experimentado en carne propia cada una de ellas. Pero también sabe que el único remedio es Cristo, como lo fue para él. Por eso insta en todo momento, ya sea en grupos o en sus encuentros personales, que entreguen su vida al Señor. Él es el único remedio para salir de esa cárcel y encontrar la libertad. Su mejor y mayor consejo es que confiesen sus pecados y le pidan a Cristo que entre en sus vidas. En muchas ocasiones comprueba emocionado los hermosos resultados que el Espíritu consigue al transformar una vida destruida en algo útil para él mismo y la sociedad. Y en otros casos, desgraciadamente la mayoría, se niegan a hacerlo o posponen su decisión para otro día. Adrián sabe que esa es la peor decisión que alguien puede tomar, porque el diablo se encarga de que ese día nunca llegue.

Pasa casi un año y la pareja decide poner la fecha de su matrimonio. Será en diciembre de ese mismo año. La noticia es recibida con gran alegría en el Instituto. Todos quieren participar de alguna manera.

Su hermana Analía y algunas chicas ayudan a Alba con su ajuar, que incluye su vestido de novia. Pablo, su hermano y otros muchachos colaboran con Adrián. Todo es fiesta y alegría en la institución. Pero hay alguien que, además de los novios, participa con más gozo que cualquiera. Es Pablo Martini, aquel muchacho que llevó a Adrián a los pies de Cristo. Recuerda el aspecto que tenía cuando lo conoció: Pelo largo, todo tatuado, con aros, etc. y le parece mentira que ahora el Señor le dé esa hermosa oportunidad de formar un hogar.

El tiempo pasa rápidamente y llega el día que formalizarán su matrimonio. Parte del equipo de Palabra de Vida, sus hermanos y los alumnos más allegados, los acompañan al Registro Civil de la ciudad de Monte.

Cuando Adrián escucha el "sí" de Alba, le saltan las lágrimas y comienza a temblar, de tal modo que casi no puede firmar los libros correspondientes.

Al otro día, en el Instituto organizan la ceremonia religiosa. Cada uno participa en lo que puede. Preparan también el salón de reuniones. En ese lugar piden la bendición del Señor sobre la pareja. En la pared del frente han escrito en letras grandes un cartel con el texto de Lucas 1:37: "PORQUE NADA ES

IMPOSIBLE PARA DIOS".

Todo el establecimiento está presente. Con una melodía especial, entra Adrián, del brazo de Viviana, una misionera muy querida para él y que siempre reemplazó a su madre en sus momentos difíciles. Llegan hasta el altar y esperan la llegada de la novia. Cuando se escucha la marcha nupcial. Entra caminando Alba, del brazo de Abel Farfán, su padre espiritual. Adrián queda deslumbrado ante la imagen que contempla. Siempre vio hermosa a su novia, pero en ese momento está deslumbrante con su traje blanco. La ve caminar hacia él y no puede evitar que sus ojos se llenen de lágrimas. Ya es su esposa. Al firmar en el Registro Civil ese compromiso, quedó formalizado el matrimonio. Pero ellos saben que lo más importante es pedir la bendición del Señor, porque sin Él, como dice el texto de la pared, es imposible llevar adelante una buena relación de pareja.

Cuando Alba toma el brazo de Adrián y se paran frente a la plataforma, el Pastor, después de una emotiva oración, comienza su mensaje basado en el texto de Rut 1:16: "No me pidas que te deje, y me aparte de ti; porque a dondequiera que tú fueres, iré yo, y donde quieras que vivieres, viviré. Tu pueblo será mi pueblo, y tu Dios mi Dios".

Adrián y Alba, aunque no lo digan en voz alta, saben que esa promesa es una verdad en sus vidas.

Después de la ceremonia, van hacia una recepción que les han preparado. Aquellos más allegados a la pareja han colaborado para ello. Cristina Farfán, esposa de Abel, el que llevó a Alba hasta el altar, preparó la torta. Sus compañeros arreglaron el lugar y lo adornaron para la ocasión. La pareja pasa momentos muy emotivos recibiendo el cariño de todos.

Al día siguiente, un sábado, viajan a la ciudad de Arroyito, donde los hermanos de ese lugar les han preparado otra ceremonia muy especial para pedir la bendición del Señor en la nueva vida que comienzan. Esa iglesia tiene gran significado para sus vidas, porque fue la que hizo posible que esta unión pueda realizarse.

El salón está repleto de amigos, compañeros y parientes, tanto de Adrián como de Alba, que viajaron desde Pilar y Río Segundo para asistir a la boda.

Adrián entra del brazo de Patricia, la esposa del principal protagonista de su viaje a Francia, que en esta circunstancia será el que acompañe a Alba hasta el altar. Cuando se ubica frente a la plataforma, con su traje negro, no puede evitar que se trasluzca el nerviosismo que experimenta, esperando la llegada de su novia. Cuando escucha la marcha nupcial y entra Alba con su traje de novia, del brazo de Carlos, aunque ya la ha visto el día anterior, su corazón se conmueve hasta las fibras más íntimas. Luce tan hermosa. Mucho más a los ojos suyos, que no pueden apartarse de esa figura que atrapó su corazón. La ve caminar hacia el altar y su rostro se cubre de lágrimas. Le parece increíble estar viviendo esta experiencia.

El mensaje de esa noche está basado en el mismo texto de Rut 1:16. Todos saben que es una promesa que los novios se hacen mutuamente.

La ceremonia es emotiva para todos. Especialmente para aquellos que los conocen y han compartido con ellos todo el proceso de pruebas y sufrimientos que tuvieron que pasar para llegar a ese momento.

Al terminar la ceremonia, los novios se ven avasallados. Todos desean saludarlos, felicitarlos y desearles lo mejor.

Invitados por hermanos de la iglesia, se dirigen al salón de fiesta que prepararon para ellos. Al llegar al lugar, la pareja de recién casados se queda admirada ante el despliegue de tules y adornos que observa. Las mesas están preparadas para la cena, con sus adornos especiales para la ocasión.

"¿Cuánto habrá costado todo eso en dinero y trabajo?", es el pensamiento de ambos novios. Es una clara demostración del cariño que tiene esa iglesia para con ellos. Se sienten amados y mimados como nunca.

Alba mira a su esposo:

-¿Quién preparó todo esto? –pregunta desconcertada–. No podés haber sido vos…

Adrián sonríe:

-¿De dónde querés que saque plata para hacer esta fiesta? –Y mirando con ternura a su esposa, agrega–: Todo lo prepararon los hermanos de esta iglesia… Estaré en deuda toda la vida con ellos. Me pagaron los viajes a Francia, el tratamiento, que fue carísimo, y ahora esto…

Un hermano le hace señas para que vayan a sentarse en los sillones que prepararon especialmente para ellos. Desde allí observan el movimiento de todo el salón. Después de orar, les sirven comidas diversas, de las más ricas y variadas. Los novios casi no prueban bocado de la emoción. Cuando llega el brindis, uno de los ancianos toma la palabra:

Lee Salmos 128:3 y 4: "Tu mujer será como vid que lleva fruto a los lados de tu casa; tus hijos como plantas de olivo alrededor de tu mesa. He aquí que así será bendecido el hombre que teme a Jehová". Cuando termina la lectura, se dirige a la pareja:

-Éste es el anhelo de toda la congregación. Les deseamos lo mejor y que el Señor les conceda una vida feliz como realmente lo merecen…

Besa a la pareja y, todos a coro, piden que hable Adrián. Éste se levanta, pero ante tanta emoción que experimenta sólo atina a decir:

-Gracias, hermanos, gracias… nunca olvidaremos esta demostración de cariño y estaremos a su disposición las veces que nos necesiten… -No puede seguir hablando. Las palabras se le cortan y llora de emoción. Alba se levanta y lo abraza, también llorando. Los presentes comparten la emotividad de ese momento, algunos ríen y otros lloran de la emoción.

Desde ese día en adelante, la pareja disfruta de cada momento, agradeciendo continuamente al Señor esta dicha que están viviendo.

Adrián sigue viajando y compartiendo su experiencia, pero ahora acompañado de Alba, lo cual lo llena de felicidad. Ella es siempre su apoyo. Lo alienta y sostiene en sus momentos de debilidad. Comparte cada experiencia con alegría y disfruta los frutos de salvación de almas tanto como él. El joven comprueba cada día que el Señor lo ha mimado dándole esa "ayuda idónea" que completa su felicidad.

Pasan alrededor de tres años y, ante otro compromiso, deben viajar nuevamente. En esta ocasión Alba le pide quedarse en casa. No se siente bien para acompañarlo en otro viaje que será muy extenso, porque incluye, no solamente algunos países de América, sino también Europa. Adrián sabe cuánto le cuesta a su esposa viajar en avión y aunque le duele esa decisión, la comprende y acepta. Es la primera vez que viaja solo. Está ausente alrededor de tres meses.

Al terminar la gira, viaja lo más rápido que puede para llegar a su hogar. Cuando se detiene el vehículo frente a la casa que comparte con el amor de su vida, encuentra a su esposa feliz y contenta. Adrián atribuye esa felicidad a su reencuentro, y abraza y besa repetidas veces ese rostro tan querido.

Cuando pasa un poco la ansiedad de su llegada, Alba se separa un poco y le dice:

-Tengo que darte una noticia…

Adrián la mira sin entender. Ante el suspenso prolongado y

el silencio que esto produce, pregunta, ansioso:

-¿Qué sucede, mi amor? ¡Por favor decímelo! –Su intriga es inmensa. Por la sonrisa juguetona en la cara de su esposa, intuye que no es una mala noticia. Como el silencio que se produce lo intriga sobremanera, va a interrogarla nuevamente, cuando escucha la voz querida que le dice:

-Estoy embarazada, mi amor, vamos a ser padres…

En un primer momento, Adrián no reacciona. Su mente no puede elaborar esa noticia. ¡Es demasiado hermosa para creerla! Alba lo sigue mirando sonriente y con lágrimas en sus ojos. Cuando el joven comprende la dimensión de esa revelación, abraza a su esposa llorando:

-¡No puede ser! ¡No puede ser! ¡Es demasiado…! –exclama con su voz quebrada por el llanto.

Su alegría es tan intensa que ríe y llora al mismo tiempo. Alba lo acompaña en su euforia. Es un regalo extra que el Señor les ha dado.

De pronto, Adrián pregunta:

-¿Qué nombre le vamos a poner?

Alba lo mira comprensiva:

-Todavía no sabemos el sexo, mi amor…

-Es cierto… Pero tenemos que ir pensando…

-Bueno… Pero tenemos tiempo… Todavía faltan unos meses… Además… -añade–; ahora están los campamentos de verano y acordate que somos parte del equipo y tenemos que colaborar…

-Tenés razón… Pero vos no vas a hacer ningún esfuerzo… No quiero que corra ningún riesgo tu embarazo…

Alba lo mira comprensiva y lo abraza. Se siente amada y

protegida y eso, además del placer que le produce, le da tranquilidad.

Pasan tres meses más y la ecografía revela que es una nena.

Después de una breve deliberación, la pareja decide llamarla "Gracia Belén". "Gracia", porque es un regalo inmerecido que les ha dado el Señor, y "Belén", porque es el lugar del nacimiento de Jesús y además por su significado: "Casa del pan".

Capítulo 12

EL NACIMIENTO DE BELÉN Y UN

GRAN MILAGRO

Cuando se acerca la fecha del nacimiento de su hija, Adrián rechaza todas las invitaciones. Como es lógico, desea estar junto a su esposa en esa circunstancia.

Cuando llega el 14 de julio nace Gracia Belén.

Los esposos miran embelesados esa beba que es parte de ambos.

-Es perfecta… -comenta Adrián entre lágrimas–. Y gracias a Dios, parecida a su mamá…

Alba, casi llorando, ríe ante el comentario de su esposo.

Cuando la beba no ha cumplido todavía un año de vida, Adrián y su familia se trasladan a la ciudad de Córdoba y desde allí continúan su ministerio.

Siguen los viajes y las charlas de prevención que son de tanta bendición.

Cuando está finalizando el séptimo año de residencia en

esa ciudad, Adrián comienza a sentirse mal del hígado. Recurre a los médicos y, después de varios estudios, le anuncian que tiene cirrosis. Esta enfermedad es consecuencia de la hepatitis C, que, junto con el HIV, contrajo por compartir las jeringas para inyectarse la droga. En el penal que le detectaron el sida, también le dijeron de la hepatitis C, pero como la primera es la enfermedad más peligrosa, Adrián siempre se trataba esa enfermedad, no dándole importancia a la hepatitis, que ahora le está pasando factura.

En el hospital le hacen un tratamiento intensivo con remedios oncológicos muy agresivos. En ese momento, Belén es muy chiquita y, viendo sufrir a su papá, cuando juega con sus muñecas, las trata como si ellas tuvieran hepatitis C.

Evidentemente el tratamiento no está dando buenos resultados. Ha pasado un año y Adrián no mejora. Su cuerpo se va deteriorando notablemente. Ante este panorama, deciden trasladarlo a Buenos Aires en avión, ya que su estado no le permite un viaje en micro o en auto.

Cuando llega al hospital porteño, después de estudiar su caso, los médicos deciden no empezar el tratamiento inmediatamente y le dan tres o cuatro meses de reposo para que se reponga un poco.

Se encuentra descansando en su hogar cuando comienza a tener hemorragias y vómitos, lo cual obliga a los facultativos a internarlo. Adrián debe soportar todas las pruebas que son necesarias, pero que a él le cuestan muchísimo. Lo pinchan, lo estudian y le dan remedios, algunos de esos remedios son oncológicos, por lo tanto, tremendamente agresivos. Entre ellos hay uno que le produce vómitos y un dolor de cuerpo infernal. Según los médicos ese remedio produce cuarenta veces los síntomas de una gripe. Adrián sufre tremendamente. No pueden aliviarlo con ningún calmante debido a la cirrosis de su hígado.

Cuando mejora un poco, le permiten seguir el tratamiento en su hogar. Alba lo atiende y trata de aliviarlo en lo que puede, que no es mucho. Pasa un tiempo y vuelven las hemorragias. Lo internan nuevamente. Ese proceso se repite otro año más, ya que el primer tratamiento de Córdoba no dio resultados positivos.

Por fin consigue vencer la cirrosis, y, aunque no está curado, por lo menos su hígado se ha recuperado notablemente. Ya mejorado Adrián, la familia nuevamente se instala en el Instituto Palabra de Vida, en Monte.

Desde allí sigue con su ministerio, viajando, predicando y contando su testimonio. A veces puede acompañarlo Alba y Belén, pero en tiempo de clases su esposa e hija deben quedarse debido a que Belén ya ha comenzado la escuela.

Después de varios años, cuando regresa de recorrer siete países y varios lugares de Argentina, se siente muy débil y sin fuerzas. Su esposa y amigos atribuyen esos síntomas al cansancio y estrés que le han causado los viajes. Hasta que un día se desmaya. Alarmados ante esto, lo llevan al hospital donde siempre lo tratan. Lo internan y comienzan los estudios. La doctora que lo atiende queda desconcertada cuando comprueba que uno de los análisis de sangre que le hacen no presenta señales de glóbulos rojos ni blancos. Esto alarma a los médicos y deciden hacerle una punción en la médula. Es algo tan doloroso que Adrián se desmaya. El resultado es alarmante: tiene LEUCEMIA. Inmediatamente comienzan el tratamiento. Le hacen cuarenta y cuatro transfusiones seguidas de sangre y plaquetas. Le punzan la médula muchas veces. Las drogas que le inyectan son tan agresivas y dolorosas que llega un punto en que Adrián le pide al Señor que lo lleve. Ya no puede soportar tanto sufrimiento. Su esposa lo anima como puede. Le pide que por favor resista. No sólo por ella, sino por amor a Belén.

Un día los facultativos llaman a Alba a su escritorio:

-Queremos decirle, señora –dice uno de ellos con el rostro muy serio–; que nosotros seguimos tratando a su esposo porque no podemos hacer abandono de persona. Eso nos puede costar un juicio… -Se detiene un momento y añade–: Pero queremos que se dé cuenta de que el caso de su esposo es irreversible… No se haga ninguna ilusión que se pueda salvar… Más temprano o más tarde se va a morir… Nadie resiste esta enfermedad… Y mucho menos él que es portador de HIV, cirrosis y otras enfermedades derivadas de éstas…

Se produce un prolongado silencio. Alba llora su impotencia.

-Gracias por atender a mi esposo a pesar de todo… -Su rostro está bañado en lágrimas–. Para ustedes es algo imposible, pero Dios tiene la última palabra…

Se retira lentamente del lugar. Se sienta en uno de los bancos del pasillo y su cuerpo se convulsiona por el llanto: "Señor… por favor… ayúdalo… no puedo verlo sufrir tanto… Por favor, Señor, ten compasión de nosotros…". Es una súplica que nace de su alma.

Cuando logra calmarse un poco, va hasta uno de los baños del edificio y se lava la cara. No quiere que Adrián la vea en ese estado. Sería agregarle más sufrimiento.

Pasa alrededor de un año y, para sorpresa de los médicos, Adrián comienza a recuperarse. Deben reconocer que esto es un milagro. Nadie supera esa enfermedad y menos él, con todas las enfermedades que tiene y ha tenido.

Como ya el tratamiento no requiere internación, regresa a su hogar, donde continúa con drogas en pastillas. Pasados cuatro años logra vencer totalmente la leucemia.

Después de esa enfermedad, todas las anteriores: HIV, meningitis, cirrosis y demás, le parecen una simple gripe, comparadas con lo que tuvo que sufrir con la leucemia.

Es consciente de que toda su vida es un milagro. El Señor se manifestó en todo: No solamente lo salvó, sino que también lo liberó de la delincuencia, de las drogas, de la cárcel, de la meningitis, de la cirrosis, de la leucemia, y además le regaló una esposa y una hija; algo que él no podía ni siquiera imaginarse.

Hasta el día de hoy, cada médico que se entera de todo lo que ha pasado en su vida, le dice lo mismo: Nadie resiste, aun siendo sano, ninguna de las enfermedades que padeció él.

¿Cómo no alabar al Señor por su vida? ¡Imposible! Sólo Él pudo sacarlo de tanta inmundicia y trasladarlo a esta nueva vida de completa libertad. ¡A Dios sea la gloria!

Epílogo

Después de catorce años de matrimonio, cuando Belén tiene 10 años, a Adrián lo invitan para visitar Australia. Él sabe que en Sidney, su capital, vive el matrimonio que pagó su primer año en el Instituto. Nunca los conoció, porque ellos no querían que nadie se entere de sus ofrendas, pero siempre estuvo tan agradecido por ese gesto que, estando allí, busca la dirección de su hogar y se llega. Cuando María sale a atender la puerta, Adrián le explica quién es, de dónde viene, agradeciéndole de todo corazón lo que ellos han hecho.

La sorpresa de María es indescriptible. Abraza a Adrián, Alba y Belén, llorando. No puede creer que, después de tanto tiempo, pueda conocerlos. Los hace pasar, contándoles que ya su esposo Juan está en la presencia del Señor. Después que se sientan, Adrián le cuenta, con los mayores detalles que puede, lo que el Señor ha hecho en su vida. María toma la mano de los esposos y su hija y los aprieta con cariño. Le parece imposible lo que está viviendo.

Esa noche, en una reunión donde asisten más de trescientas personas, Adrián cuenta su historia, pero su mayor alegría es ver entre los presentes a María, aquella mujer que tanto significó en su vida. Ella, con su esposo Juan, sin conocerlo, simplemente con la descripción que les dio su consejero, decidieron invertir pagándole su estudio.

María, al escuchar el testimonio de Adrián y los resultados, su corazón se conmueve hasta las fibras más íntimas. Agradece al Señor que le haya permitido escuchar esa historia y lo toma como un hermoso regalo de su parte.

Permanecen cuarenta días en ese lugar, rodeados del cariño y la atención desmedida que María les prodiga. Ella, al ver a Alba y Belén, comprueba la bondad del Señor hacia Adrián. No sólo lo salvó, lo sanó, lo cuidó, sino que también le permitió formar una familia. Algo que en su momento era un imposible.

Adrián se siente tan agradecido hacia ella que se lo manifiesta constantemente. Nunca se imaginó poder conocerla, pero siempre quiso honrarla por ese gesto tan hermoso que tuvo para con él y, como se enteró en el Instituto, también para otros alumnos que, como él, no tenían los recursos para estudiar. Pero ahora que la tiene frente a él, lo único que sale de sus labios es: ¡Gracias! ¡Gracias!

María fue una de las personas claves en su "Camino a la libertad".

Algunas de las personas que tuvieron que ver en la vida de Adrián:

Su hermana Analía se casó con Fernando Soriano y en este momento son misioneros de Palaba de Vida. Tienen una hija: Karis Morena.

Pablo, su hermano más chico, se casó con Frine, una mejicana que conoció en el Instituto. Está radicado en Méjico y es Pastor de una iglesia allí. Tiene dos hijos: Santiago y Aldo.

Pablo Martini, con su familia, vive en Quito, Ecuador, y es Director del Instituto Bíblico de ese país. Escribe, desde hace diez años un devocional llamado "Una Pausa para tu vida". Es un gran enseñador y viaja por muchos países, predicando y enseñando las Escrituras.

María y Juan partieron a la presencia del Señor.

Dan Nüesh sigue como Director de Palabra de Vida.

Abel Farfán y su esposa Cristina están radicados en La Rioja, Argentina, donde continúan sirviendo al Señor.

En este momento, Adrián, Alba y Belén están radicados en Pilar, provincia de Córdoba.

www.ingramcontent.com/pod-product-compliance
Lightning Source LLC
Chambersburg PA
CBHW050543160726
48003CB00002B/734